신개념한국명리학총서 ③

얼굴은 이래야 환영받는다

(관상은 이런 얼굴이 좋다) 백준기 역

법문북스

● 처　음　에

내가 운명학에 처음 관계를 가진 것은 중학 2학년 14살 때였다. 그 때 지금 말하는 말썽꾸러기인 나는 학교에서 돌아오는 도중에 길거리의 한 모퉁이에서 점을 치고 있는 가두(街頭) 점술사의 이야기가 재미가 있어서 매일 듣고 있었다.

손님이 없던 어느 날 「학생 수상을 봐줄까」하는 말에 조심조심 내어민 좌우의 손을 본 그 분은 「좋은 집에 태어났군! 양친도 건재하고 형제도……」하면서 말하기 시작하였으나 그 모두가 맞지 않았다. 태어난지 반년이 될 무렵 아버지를 여의고 형제도 뿔뿔이 헤어져 어머니 밑에서 자라고 있었던 나였다.

불만스러운 나의 태도를 알아차린 그는 새로이 상세하게 말하기 시작하였으나 역시 맞지 않았다. 다음 날 머리를 갸웃거리면서 하루종일 생각해 보았으나 모르겠다. 반드시 너의 마음 너의 조상의 영(靈)이 수상에 나타나지 않은 것을 줬는 것일까? 이렇게 말하는 것이었다. 이런 일이 인연이 되어 나는 그 점술사에서 수상의 초보의 가르침을 받게 되었다.

왜 나의 수상이 맞지 않았는가? 큰 숙제로 남게 되었으나 그 일은 훗날 내가 인상을 공부함에 따라 해결할 수가 있었다.

이 책은 그 인상에 대해서 내가 오랜 연구 끝에 그 성과의 모든 것을 소개하는 것이다. 기본이 되는 삼질론(三質論)의 상세한 해설을 비롯하여 인상의 연령 변화, 복합 관상 등 말하자면 프로의 비전중(秘傳中)의 비전을 함께 담은 것이라 자부하고 있다. 설명의 방법도 이것 같으면 이런 형태란 결론만 내린 것이 아니고 거기에 따른 원인과 생각하는 법을 설명하였다.

1장은 인상의 신비와 불가사의로서 내가 직접 경험한 이야기를 기본으로 구성하였다. 2장은 기본이 되는 이론, 3장은 각 부위의 관찰, 그리고 4장은 그것들의 응용이다. 순서에 따라 읽어가면 반드시 인상의 극의(極意)를 터득할 것이다.

마음의 운세(運勢)를 바꿔간다. 어떤 사람이라도 어떤 얼굴을 가진 사람이라도 살아가는 능력, 힘을 가지고 있다. 그 능력과 마음만 갖고 있으면 언제라도 성공운은 당신을 기다리고 있다. 그리고 그 요소는 성격이며 그것을 활용함에 의해 길은 열리는 것이다.

내가 운명학의 길을 택하게 된 동기가 점술사의 다음 말이 언제까지나 마음에 강하게 남아 있다.「의사선생님이나 스님이 되어 주십시요. 그것은 귀천의 구별을 묻지 않고 누구나가 한번은 신세를 지는 직업입니다. 그런 직업에 종사해 주십시요……」

현재 나는 정한 감정료를 받지 않고 있다. 말을 듣고 있는 동안에 무료인 동시에, 무엇인가 선물까지도 가지고 돌아가는 일이 종종 있다. 언제까지나 무엇인가의 의지가 되는 그런 인간의 한 사람이 되고자 원하고 있는 것이다.

인연이 있어서 이 책을 읽는 여러분의 행복을 기원하는 동시에 이것을 연유해서 보다 깊은 인상학을 구명할 수만 있다면 그 이상 더 바랄나위 없는 즐거움이라 하겠다.

저 자 씀

차 례

1장 인상점(人相占)의 신비와 불가사의

2장 인상점(人相占)의 기초와 관찰법

3장 실천 인상점(實踐人相占)

이마(額)

눈썹(眉)

눈(目)

코(鼻)

인중(人中)

입(口)

법령(法令)

광대뼈(顴骨)

볼

아랫턱

귀(耳)

4장 각운(各運)의 인상

애정운(愛情運)

성격(性格)

재운(財運)

사회운(社會運)과 적직(適職)

건강(健康)과 장수운(長壽運)

가정운(家庭運)

스포츠 · 학구운(學究運)

1장
인상점(人相占)의 신비와 불가사의

크레오파트라의 코와 인상

만약 그녀의 코가……

세계 3대 미인 가운데서 첫 손가락으로 꼽힌다는 크레오파트라. 「만약 그녀의 코가 1센티 낮았으면 세계의 역사는 바꿔어 있었을 것이다」라는 말은 너무나도 유명하다. 그러한 그녀의 코, 얼굴을 인상학(人相學)에서 살펴 보자.

크레오파트라의 생장

뿌르다크의 「영웅전」 가운데서는, 「그 소리는 대단히 아름다웠다. 그의 회화는 기지에 넘쳤고 정말 탁월했었다」고 씌여 있다. 틀림없이 재색(才色)을 겸비한 여왕이었다.

그녀의 미모에 매혹된 로마의 황제는, 그녀와 결탁해서 이집트 왕국의 공동 통치자인 그녀의 남편을 죽인다. 그녀의 남편은 황제의 친동생 이었었다. 그 뒤 황제와 크레오파트는 결혼하여, 카이자리온이란 아들을 낳았었다.

황제가 암살되자, 이번에는 안토니우스가 그녀에게 사로잡히고 만다. 홀딱 반해버린 그는 정치를 잊고 오직 크레오파트라만을 생각하는 나날을 보낸다.

이윽고 안토니우스가 싸움에 패하고 자살하자, 그토록 남자를 편력했고, 정치에 살던 술책가였던 크레오파트라도 마지막에는 그의 사랑에 응답하는듯이 자기도 독사에게 가슴을 물게해서 죽어갔던 것이다.

크레오파트라의 얼굴

크레오파트라의 코는 틀림없이 높았었다. 높은 코는 남성적인 요소의 하나로서, 아마도 콧마루(鼻陵) 언저리의 살집이 적었을 것으로 짐작된다. 그것은 보다 높게 돋보일 뿐만 아니라, 범접할 수 없을 만큼 위험과 자아 의식의 강함을 나타낸다. 남성은 이와 같이 범접하기 어렵게 위엄을 지닌 여성에 대하여 도리어 동경을 품게 되는 것이다.

전체를 상상컨데 이 코는 높고 약간 층이 있는것 같고 콧끝이 아래로 처져 있었을 것이다.

층의 위치로 보아서 33세 전후에 파란이 일 것이고 일에 빈틈이 없고 지혜가 뛰어 났을 것이다. 아래로 처진 코끝은, 이욕(利慾)을 위해서라면 수단 방법을 가리지 않는 데가 있고 또 사람의 마음을 꿰뚫어 보는 현명함을 아울러 나타낸다.

누군가 「크레오파트라는 결코 절세의 미인이라 할 수는 없다」고 했었다. 그럴 수도 있다. 그녀는 미인이라기 보다는 개성이 강하고 선이 뚜렷한 얼굴이었을 것이다. 그녀의 내력으로 보아서 마른형(型)이고 광대뼈가 나와 있고 아래쪽이 가늘은 얼굴 생김새 입은 보통이거나 약간 큰 편일 것이고 입술은 얇은 쪽이었다고 상상된다. 입이 큰 것은 생활력, 얇은 입술은 달변임을 나타내며 광대뼈 아래쪽이 가늘은 얼굴은 아집의 강함과 활달한 태도, 만년의 고독을 나타내는 것이다. 또 현명하고 두뇌의 명석함에서 이마는 높고 눈썹은 직선에 가깝다고 여겨진다.

남성적인 얼굴의 생김새이나, 눈은 크고 눈초리가 째어진 것 같은 모양이어서 귀여운 느낌을 주는 유일한 포인트가 아니었나하고 생각된다.

얼굴모양 차이로 두 미인의 운명

네모진 모양의 미인과 둥근 모양의 미인

저자에게 자주 상담을 왔던 A부인과 B여사—.

다 같이 나무랄 데 없는 미인이었지만, 무슨 까닭인지 두 사람은 똑 같이 이성운(異性運), 결혼운이 좋지 않았고 당시도 그 때문에 고민하고 있었다. 닮은 처지였던 두 사람에게 있어서 결정적인 차이점이라면 오직 그 얼굴 모양 뿐이었다.

A부인은 적극적이고 정력이 넘치는 모난 모양이었고 사실 그대로 행동하여 좋은 반려를 만난결과, 현재는 행복스럽게 살고 있다. 이에 반하여 B여사는 신중성이 결여되기 쉬운 둥근 모양으로서 유감스럽게도 염려한 그대로 행동을 하게 되어 불행한 길을 걷게 되었던 것이다.

이는 인상(人相)의 신비를 한층 더 절실하게 느끼게 하는 것이었고, 만약 B여사가 얼굴 모양이 지닌 마이너스면을 보충해 주는 방향으로 나아갔었다면 하고 생각되었었다.

모난 모양의 적극적인 미인 A부인의 경우

지금은 커다란 식당의 주인이 되어 경영 일선에서 활달하게 움직이고 있는 A부인은 나에게도 자주 상담을 왔었다.

「선생님, 또 딱지를 맞을 것 같아요」하며 몇 번째인가 연애 상대의 사진을 앞에 놓고, 비창(悲愴)한 모습을 하는 것이었다. 그 남성은 눈썹이 진한 모난 얼굴 모양을 하고 있었는데 보기에도 믿음직한 느낌을 주는 것이었나. 그러나 나는 「큰 일 났군, 점점 당신한테서 멀어져 가는군요」하고 대답할 수 밖에 없

었다. 그것은 두 사람의 얼굴 생김새에서 상성(相性)이 좋지 않다는 판단에서였다. 새끼 상어와 같은 모난 얼굴 모양으로 눈과 코가 유난히 똑똑하게 생긴 미인, 태어날 때부터의 명랑함과 정력으로 주저하지 않고 앞으로 밀고 나가는 형이었다. 상냥함을 바라는 그와 잘 어울리지 않을 수 밖에 없었다. 그래서 줄곧 술과 사나이들과의 거치른 나날이 계속되었었다.

모난 모양의 사람은 무슨 일에나 적극적이고 앞장서는 리드형이다. 그와의 사이도 같은 모난 얼굴로 성격도 비슷했기 때문에 어느 쪽도 양보를 모른 까닭에 인연이 없었던 것이다.

어느 날 부모와의 상담을 통해서 둥근 형으로 얼굴이 큰 남성과의 맞선을 권했었다. 이리하여 지금의 남편과 함께 뜻이 맞게 된 계기가 되었던 것이다. 이 때 그녀의 나이는 설흔 살.

남편은 모든 것을 따뜻하게 감싸주는 사람이었다. 독립해서 점포를 가지게 되자, 순풍에 돛단 배처럼 장사가 잘 되었었다.

A부인은 어릴 때부터 응석쟁이로서 동작도 재빨라, 「우리집 계집 아이는 사내 자식과 바꾸어 태어난 것 같다」고 어머니는

투정을 부렸었다. 그런데 지금도 역시 남편을 부리는데, 장보기로부터 요리에 이르기까지 모든 감독을 하고 있다는 것이다.

조그맣게 모난 얼굴의 사람은 적극적이고 수완이 있으나, 약간 생각이 얕아서 자칫하면 행동이 앞서는 경향이 있다. 실연하면 험하게 놀아나는 것도 여기에서 연유된 탓이다.

또 A부인의 왼쪽 눈초리에는 점이 있고, 움푹 들어가 있고 검으스레하게 보인다. 이것은 연애가 뜻데로 성사되지 않는 상(相)의 하나이다. 이 때문에 A부인은 과거에 몇 번인가 실연하고 있는 것이다. 현재의 행복스러운 A부인을 보게 될 때, 나도 기쁘기 그지없거니와 얼굴 안의 조그마한 점이 그 사람의 연애에 영향을 미친다는 것이야말로 그 얼마나 인상(人相)의 신비를 느끼게 하는 것이 아니겠는가!

박행(薄幸)한 둥근 얼굴형의 미인인 B여사의 경우

같은 미인일지라도, B여사는 참으로 기구한 운명을 지금도 더듬고 있는 불행한 여성이다. 유명한 목공소의 딸로 태어나, 여학교의 졸업을 눈앞에 두기까지는 아무런 부족함이 없는 아가씨로 자랐었다.

열 여덟 살의 정월, 갑자기 아버지를 여의고 두 남동생과 어머니와의 생활이 그녀의 어깨에 무겁게 덮쳐 왔었다.

조숙한 그녀에게는 그때 사랑하는 연인이 있었지만 집안 사정으로 이사를 하게 된 것이 헤어져버리는 결과가 되어 실연을 해버리고 만다. 불행이 겹쳐 자포자기의 나날을 보내고 있을 즈음, 어느 도시의 요리집으로 시집을 가지만, 이 결혼은 실패하고 만다. 현상에서의 도피가 목적일 뿐 애정이 없는 결혼생활이었기 때문에 잘 되어 나갈 수 없었던 것이다. 시어머니와의 불화, 남편의 방탕과 놈팽이 생활의 종말은 폐병에 의한 사별의

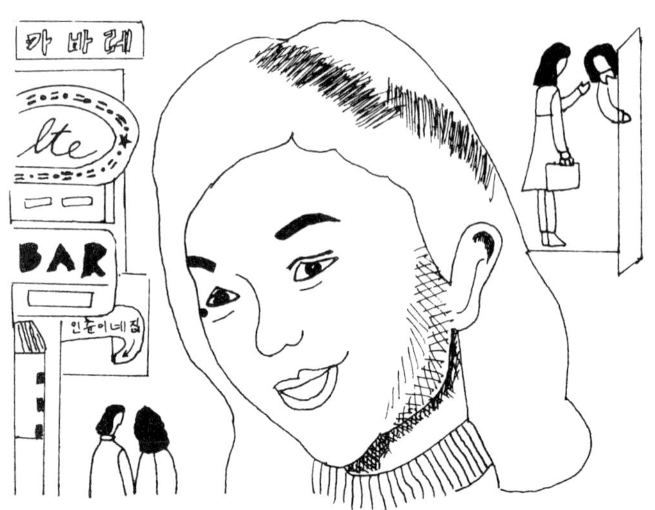

결과를 초래하고 마침내 집을 쫓겨나고 만다.

네 살난 맏이를 데리고 친정으로 되돌아 온 그녀는, 곧 바로 돈벌이를 하지 않으면 안되었다. 낮에는 외판원, 밤에는 캬바레를 다니는 나날의 연속이었다. 뒤에 자기의 가게를 가졌을 때에도, 낮에는 식당, 밤에는 스넥으로 바꾸어 하루를 이틀로 잡아 일하는 나날이었다.

그러다가 옛날 사귀던 남성과 두 번째로 결혼 하였다. 일단은 안정된 십수년을 지냈었다. 아이들과는 별거하고 매달 생활비를 보내주었다는 것이다. 그 사이 양재학원을 나와서 가게를 열었으나, 그녀의 매력 넘치는 애교가 남편의 질투를 자극하여, 드디어는 헤어지고 만다.

그녀가 나를 찾아 왔을 때에는 마흔 살이 조금 덜 된 나이였다. 살롱을 몇 년인가 다녀서 겨우 자기의 가게를 열었을 때였다. 경리면을 잘 살피고, 헛돈을 쓰지말고, 남자에게 기만을 당

하지 않도록…… 여러 가지로 주의를 하기는 했으나, 결과는 걱정한 데로 되고 말아서 현재는 소식 불명이다.

B여사는 몸집이 큰 편이고 손발이 큰 사람이었다. 얼굴은 조그맣고, 둥근데다가 역삼각형(逆三角形)을 세워 놓은 것 같아서 귀엽게 보여서 남자들이 좋아하는 형이었다.

둥근 얼굴인 탓으로 이마는 좁고, 눈썹 위의 돌출부위(突出部位) 좌우의 높이가 가지런하지 않고, 얇은 눈썹을 하고 있다. 둥근 얼굴의 사람에게 공통적으로 할 수 있는 말은 신중성의 결여인데 바로 좁은 이마가 그것을 나타내고 있는 것이다. 조금만 더 부딪힌 일들을 골돌하게 생각하였더라면 첫 번째 결혼처럼 실패는 하지 않을 수도 있었을른지 모른다.

또 이마의 좌우 돌출부위가 가지런하지 못한 것과 얇은 눈썹은 부모복이 엷고, 부모의 어느 한쪽과 인연이 엷은 것을 나타낸다. 그러고 보니 B여사가 기구한 운명을 더듬게 된 동기는 바로 아버지와의 사별이었던 것이다.

아버지를 사고에서 살린 대학생

문득 본 아버지 코에 붉은 줄기가…

기색(氣色), 화상(畫相)이라는 인상의 극비전(極祕傳)이 있다. 안면(顔面)에 나타나는 사소한 색깔의 변화와 얼굴 속의 얼굴을 본다는 신비적인 상법(相法)이다. 이를테면 코, 또는 명궁(命宮:눈썹과 눈썹의 사이)에 붉은 선이 있을 때는, 신상에 위험이 임박했음을 예시하는 것이다.

아버지의 얼굴에 흉상이……

제법 오래된 일이었지만, 이러한 기혈색(氣血色)의 강의를 하고 있을 때의 수강생이었던 어떤 대학생이 있었다. 그의 아버지는 택시 운전사였었다. 그는 강의를 수강한 이래, 매일 아침 아버지의 얼굴을 보는 것을 일과의 하나로 삼게 되었었다.

어느 날, 아버지의 코에 수강했을 때 들었던 그대로의 붉은 선이 달리고 있는 것을 발견하고 놀란 나머지 「아버지, 오늘은 사고가 날 것 같은 상입니다. 되도록 속도에 조심하세요」하고 말했더니, 「이런 붉은 선이야 잠자는 사이에 손톱에라도 긁혔겠지」하고 대수롭지 않게 집을 나섰던 것이다.

역시 사고는 일어났었다.

걱정했던 하루가 겨우 끝날 무렵인 밤 열 시쯤, 다음 날 아침에야 돌아 오시기로 되어 있던 아버지가 새파랗게 질린 얼굴로 귀가하였다.

「어이쿠, 큰일 날뻔 했어. 너의 점도 제법이었어. 너의 말이 아무래도 마음에 걸려서 속도를 줄이고 달린 덕으로 그만하기 다행이었어. 사람이 뛰어 들었단 말이야. 당황해서 핸들을 너무 돌렸던 탓으로, 옆차와 접촉사고만 내는데 그쳤었지」 조금만 더 속력을 냈으면 사람이 크게 다치거나, 아버지도 중상을 입었을 터인데 용케 면했다는 것이다.

이 붉은선은 콧마루를 비스듬히 달리고 있었고 그렇게 기운찬 것은 아니었다는 것이다. 기운이 강했으면 보다 큰 사고가 되고 말았을 것이다. 이 붉은 선은 반드시 사선(斜線)인데 그 특징이 있는 것이다. 그리고 코에 그것이 나와 있을 때는 자기가 피를 흘리는 징조인 것이다.

그 대학생의 아버지는 가벼운 찰과상(擦過傷)으로 끝나기는 했으나 어떻든 피를 조금 흘린 것은 사실이었다.

흉상의 충고를 방치한 친구

친구의 얼굴에 나타난 흉상

「이봐, 조금 얼굴을 이쪽으로 돌려 봐」

「왜?」

「그래, 너 공장의 종업원에 무엇인가 문제는 없었어? 아니면 간부급의 사람에게나 말이야」

「별로」

이 때부터 벌써 불행은 시작되어 있을 줄은, 그는 전연 알길이 없었던 것이다. 그 역시 믿을 수도 없었을 것이다. 어떤 회합에서 내 친구의 얼굴을 무심하게 쳐다 본 순간, 입 언저리에 섬짓한 색깔을 느끼고 불쑥 던진 말이었다. 그의 친구는 자동차 정비공장을 두 개나 가지고 있는 경영자 였다.

「아무 일도 없었다면 다행이겠지만, 무엇하면 너의 한쪽 팔과 같은 사람으로부터 퇴직원을 받게 될지 모르겠군」

「아무 소리도 못 들었었는데……」하고 대꾸했었다. 그 날은 그 정도로 헤어졌었다.

법령에 연한 먹물 색깔의 오점(汚點)이 나타나게 되면, 그 사람과 관계 있는 사람이 떠나가 버리고 그로 인하여 흉사를 초래하게 됨을 나타내는 것이다. 또한 그 나타나는 위치에 따라서, 왼쪽 법령의 밑뿌리에서 아래로, 그리고 또 오른쪽 법령의 밑뿌리에서 아래로 직위가 내려간다.

친구인 경우, 왼쪽 법령의 밑뿌리에서 아래로 그와 관련이 있는 간부급에서 장애가 일어나게 될 것을 예상한 것이었다.

돌연한 사표

닷새쯤 해서 전화가 있었는데,

「정말이었어, A라는 사람이 그만 두겠다고 사표를 냈어. 그 사람이 그만 두면 끝장이란 말일세. 어떻게 하면 좋을까?」

「그 때의 얼굴로 판단하면, 일각이라도 빨리 서둘러서 그만 두게 하면 안된단 말이야, 꼭 탈이 있을거야」

「그럴까?」—하면서 전화는 끊겼다.

그 뒷일이거니와, 일을 거의 맡겨 두다십이 한 A가 그만 두면 큰일이므로, 월급을 올려주는 등 친구는 여러 가지로 선심을 썼던 모양이었다.

하지만 결국 반년쯤 지나서, A는 친구의 공장을 사직하면서, 퇴사와 함께 유력한 단골이 A가 자리를 옮긴 새 직장으로 모두 따라 옮겨 버렸던 것이다.

친구는 1년도 채 되지 않는 사이에, 자댁을 비롯한 본사 공장을 매각하는 형편이 되고 말았던 것이다. A는 반년 사이에

모든 이면 공작을 진행시켜 놓고 있었던 것이다.

지금은 재기하여 남은 공장을 확장해서 이전보다 더 융창하게 공장을 경영하고 있기는 하지만…

뜻하지 않은 일로 불행한 처지에 부딪쳤다고는 하지만 그 친구의 운이 강했던 것도 역시 얼굴이 원인이었던 것이다. 모난 모양과 둥근 모양을 혼합한 팔각형에 가까운 얼굴, 특히 아래턱이 단단하고 잘 생겼었다. 이것은 일시적이나 곤경에 빠질지라도, 전체적으로 살펴서 보면 좋은 운세인 것이다.

불행이 닥쳐올 것을 알면서도, 또 남이 지적을 해주어도 정황상(情況上)으로 단안을 내리지 못하고, 인상(人相)이 암시해준 그대로 움직이고 말았던 실례(實例)였다.

출세가도를 달린 C씨의 예

암거래(暗去來)에서 손을 씻고 일어서다

6·25가 끝난 이듬해, 부산시 부근의 암시장에서 사람들이 흥청대고 있던 한 노점(露店)이 있었다. 단팥죽을 팔고 있었던 것이다. 거기에서 다람쥐처럼 부지런히 일하고 있던 키가 작은 젊은이가 있었다. 그야말로 부산에서 처음으로 음악찻집을 열었고, 현재 여러 채의 독특한 점포를 경영하는 억만장자로서 알려져 있는 C씨, 그는 나의 전우였다.

단팥죽을 시작했을 때는 문자 그대로 몸으로 뛴 나날이었다. 그 때의 고생이 그의 얼굴에 깊고 뚜렷한 주름살을 새기게하고, 눈썹을 늠름하게 발달시켰다.

나중에 안 일이지만, 노점을 낸 땅은, 군대 시절의 상관이었다고 한다. 이것이 그에게 행운을 안겨 준 큰 계기가 되었었다.

부산에서 노른 자위로 가장 텃세가 심한 남포동에서 폭력·갈등·이권 등이 얽힌 장해를 극복하고 터를 잡는데 성공한 것은 그에게 넘치는 활력이 있었던 까닭인데, 그것은 인상(人相)에도 나타나고 있었다.

C씨의 인상(人相)

C씨의 얼굴에 새겨진 주름은 피부의 두께를 말하는 것이며, 운(運)의 강인함을 나타내며, 대지주인 상관과 만나게 될 인연을 암시하는 것이다. 입 아래의 굳센 모양은 만년(晩年)의 호운(好運)을 나타내며, 커다랗고 살집이 좋은 코, 큰 입이 그것을 가리키고 있다.

그러나 C씨가 빛나는 오늘을 잡은 가장 큰 이유는 키가 작은데 있다. 신장 160센티에도 미달하는 짝달막한 몸이지만, 전체적으로는 놀랄만한 활력을 느끼게 한다.「어디 두고 보자」라는 투지가 자연히 몸에 배였던 것이다.

남에게 지지 않겠다는 근성이 성공으로 인도하는 큰 힘이 되었던 것이다. 다만, 그것이 정말로 성공에 이어져 있는가, 열등감에서 세상을 비뚤게 하고, 남달리 인간으로서 종말을 고하느냐의 갈림이 바로 얼굴에 나타나고 있는 것이다.

미용성형과 인상

성격, 운세(運勢)의 영향은?

보다 더 아름다워지고 싶다는 소망은 모든 여성이 품고 있음이 틀림없다. 미용 성형의 시작은 아득한 기원전까지로 소급한다고 일컬어지고 있다. 현재도 그렇지만 당시부터 눈과 코의 성형을 희망하는 사람이 많았던 모양이다.

성형으로 열등 의식이 사라지고 자신도 가지게되고, 행동이 적극화되면 그것도 바람직한 일이라 할 것이다. 이로써 성격도 날로 변화해 가는 것을 볼 수 있다.

다만, 사람의 얼굴은 그런데로 균형을 이루고 있는 것이다. 한 곳을 수정하게 됨으로써 도리어 마이너스의 효과가 나타나게 되지 않는다고 단정하기 어렵다. 어떤 명의(名醫)는 다음과 같이 말하고 있다.

「환자들은 수술 직후의 모양에 관심을 가지는데, 우리들은 성형한 곳이 몇 년후 어떻게 변화해 갈 것인가를 예견하지 않으면 안된다.」

눈의 성형

눈의 성형에서 압도적으로 많은 것은 한겹인 눈꺼풀을 두 겹으로 수술하는 것이다. 인상학의 입장에서 말하면 한 꺼풀인 사람은 호인인 성향이 있고, 온순하고 예술성이 있는 사람이다. 다만, 심지는 강한 편이다.

또 한꺼풀인 사람은 보통 눈썹과 눈의 사이(전택(田宅)이라 한다)가 넓고, 그것은 유산이나 부모로부터의 은덕을 받게 되는

여부를 살피는 곳이라고 한다.

쌍꺼풀이 되게 하려면 그러한 전택(田宅)에 상처를 내지 않으면 안되므로, 그 은혜를 버리는 결과가 된다. 그러나 두뇌의 회전이 약빨라지고 활발해져서, 복장이나 몸매에 배려하게 된다. 즉, 한꺼풀일 때의 소극정동형(消極靜動型)에서 쌍꺼풀의 적극능동형(積極能動型)으로 바뀌어지고, 연애에 대해서도 적극적으로 되어가게 된다.

코의 성형

코는 자기 주장력과 재운(財運)을 나타내는 곳이다. 성형의 대부분은 높게 돋우는 것이고 드물게는 낮추는 경우도 있다.

높게 돋우면 코가 유달리 우뚝 솟아 있는 느낌을 주어 성격에 냉담함이 나타나고 따뜻한 느낌이 사라지게 되며, 자기 마음대로 하는 독선이나 고집이 두드러지게 된다.

대체로 코만 유독 높은 사람에게는 이러한 성격이 많아지며,

특히, 성형으로 열등의식이 사라지면서 자신이 생긴 경우에는, 그 영향이 더욱 강하게 된다.

반점을 보는 법

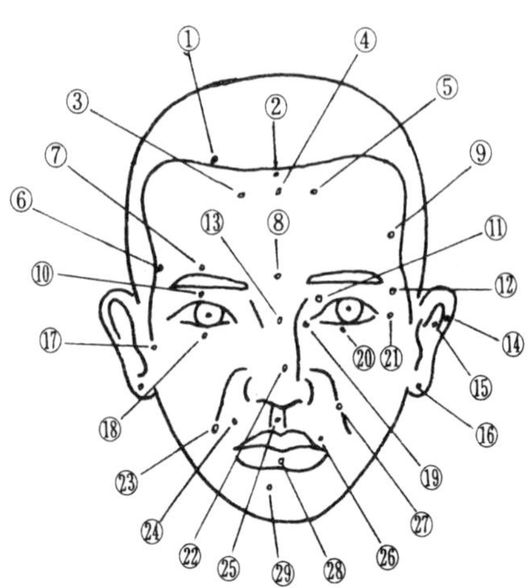

① 머리카락이 나 있는 곳 안의 점으로서 비밀의 연인이 생기기 쉽다. ② 조상에 대한 감사의 생각이 희박하다. ③ 어머니와의 인연과 관계가 희박하다. ④ 부모에게 거역하기 쉽다. ⑤ 아버지와의 인연과 관계가 희박하다. ⑥ 여난·남난(女難·男難)이 있는 상으로 실연하기 쉽다. ⑦ 친구관계로 차질이 생긴다. ⑧ 일의 침체(沈滞)가 많고 인감이나 문장에 의한 실패가 있다. 일반적으로 신들리기 쉽고, 히스테리의 기미가 있게 마련이다. ⑨ 여난·남난상(女難·男難相) ⑩ 부모의 유산 등을 놓치기 쉽다. ⑪ 부모로부터의 유산 등을 받지 못할 것이고 받아도 놓치기 쉽다. ⑫ 재물을 버린다. ⑬ 고향을 떠난다. 고질병을 가지기 쉽다. ⑭ 금전적으로 곤란에 부딪친다. ⑮ 복점(福點)이다. ⑯ 효성점이다. ⑰ 화난상(火難相) ⑱ 남 때문에 재수가 있다. ⑲ 의심증이 있을 상. ⑳ 자손이 귀할 상. ㉑ 부부생활에 불만이 많다. ㉒ 여성이면 부부의 연분이 희박하고, 남성이면 장부(腸腑)가 약하다. ㉓ 어머니와의 인연과 관계가 희박하다. ③과 비슷함.㉔ 귀찮은 사람 때문에 손재수가 있다. ㉕ 명이 길지 못하다. 여성은 남자에게 인연이 희박하다. ㉖ 좋은 이름을 남기지 않는다. ㉗ 미묘한 일로 아버지의 종신을 못한다. ㉘ 수난상(水難相), 소화기계에 조심할 것. ㉙ 주거(住居) 때문에 고생한다. 40세까지 한 번은 실패한다.

2장
인상점(人相占)의 기초와 관찰법

1 몸에서 크기가 같은 곳

형태 비례(形態比例)

인상(人相)이라 하면, 대부분 얼굴만 보는 것이라고 생각하기 쉬우나 결코 그런 것이 아니다. 얼굴은 말할 것도 없고 몸 전체를 보고 성격이나 운세(運勢)를 알게 되는 것이다. 다만, 얼굴에 보다 많은 요소가 집약되어 있기 때문에 얼굴이 그만큼 비중을 차지해서 감정 기준이 되는 것이다.

인상(人相)을 보는 순서는 먼저 눈에 관한 특징을 확실히 명심한 뒤, 다음으로 큰 비중의 특징에서부터 세부적인 특징으로 판단을 해나가는 것이다. 끝으로 다시 한 번 처음 느낀 인상(印象)에서 남은 특징은 확인하여 골격으로 삼는다. 몸 전체의 특징을 정확하게 파악한다는 것은 어려운 일이지만 여기서 설명하는 이 형태 비례를 익혀 놓으면 간단하게 특징을 파악할 수 있다.

① 똑바로 좌우에 뻗친 양손의 끝에서 끝까지의 길이는 키와 같다.

만약 양손 쪽이 더 긴 경우는 뚱뚱하고 키가 작은 형으로서, 손재주가 있고 발힘(脚力)도 강한 사람이다.

② 목 아래 움푹 들어가는 곳의 뼈(鎖骨)로부터 형태 비례 그림처럼 힘껏 편 양손을 대면 맨 밑 새끼손가락(小指)이 배꼽에 닿는다.

배꼽의 위치가 새끼손가락보다 위에 있는 사람은 재능이 있고 운도 좋은 사람, 또 남의 밑에서 일하지 않고 자기가 사람을 부리는 운세이다. 반대로 새끼손가락보다 아래에 배꼽이 있는

● 형태 비례 — 1

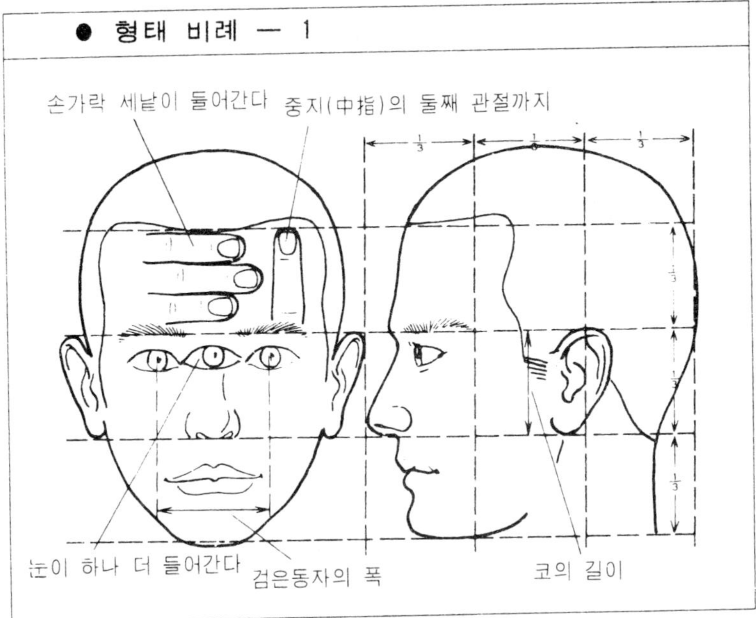

사람은 소심하고, 고생이 많은 사람이다. 배꼽의 위치가 새끼손가락에서 멀어지거나 가까워지거나 하면 운세도 달라진다.

③ 양손의 엄지손가락과 가운데 손가락을 합쳐서 동그라미를 만든다. 이것은 목둘레와 같다. 또 목의 굵기는 팔목의 굵기의 2배이다.

표준보다 목이 굵은 사람은, 일반적으로 멧돼지 목처럼 짧고 굵은 목(猪首)이어서, 운이 강한 사람이다. 또한 몸이 깡마른 사람인데 목이 굵은 사람은 운이 부동적(浮動的)이다. 목이 가느다란 사람은 운이 약한 사람이다.

④ 머리의 길이는 신장(身長)의 약 $\frac{1}{8}$ 이다.

머리가 $\frac{1}{8}$ 이상, 즉 머리가 큰 사람은 운이 강한 사람이다.

⑤ 손가락을 활짝 펴면 대체로 얼굴의 크기와 같다.

얼굴 쪽이 큰 사람은, 성공할 가능성이 많은 사람이다. 손과 비교하여 얼굴 쪽이 작은 사람은 부지런히 일하지만 운이 약한 사람이다.

⑥ 얼굴의 길이와 발의 길이는 같다.

발이 크고 더욱이 살집이 두꺼운 사람은 운이 좋은 사람이다. 크더라도 살집이 얇은 사람은 운세도 얇다고 할 수 있다. 표준이며 힘이 있는 발은 남의 위에 서는 성공운이다.

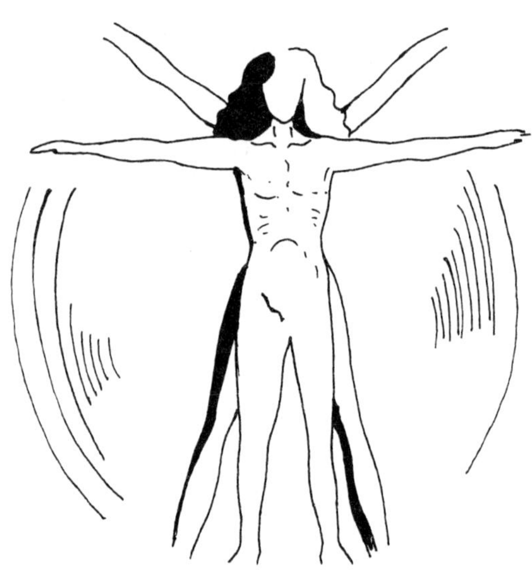

● 형태 비례 — 2

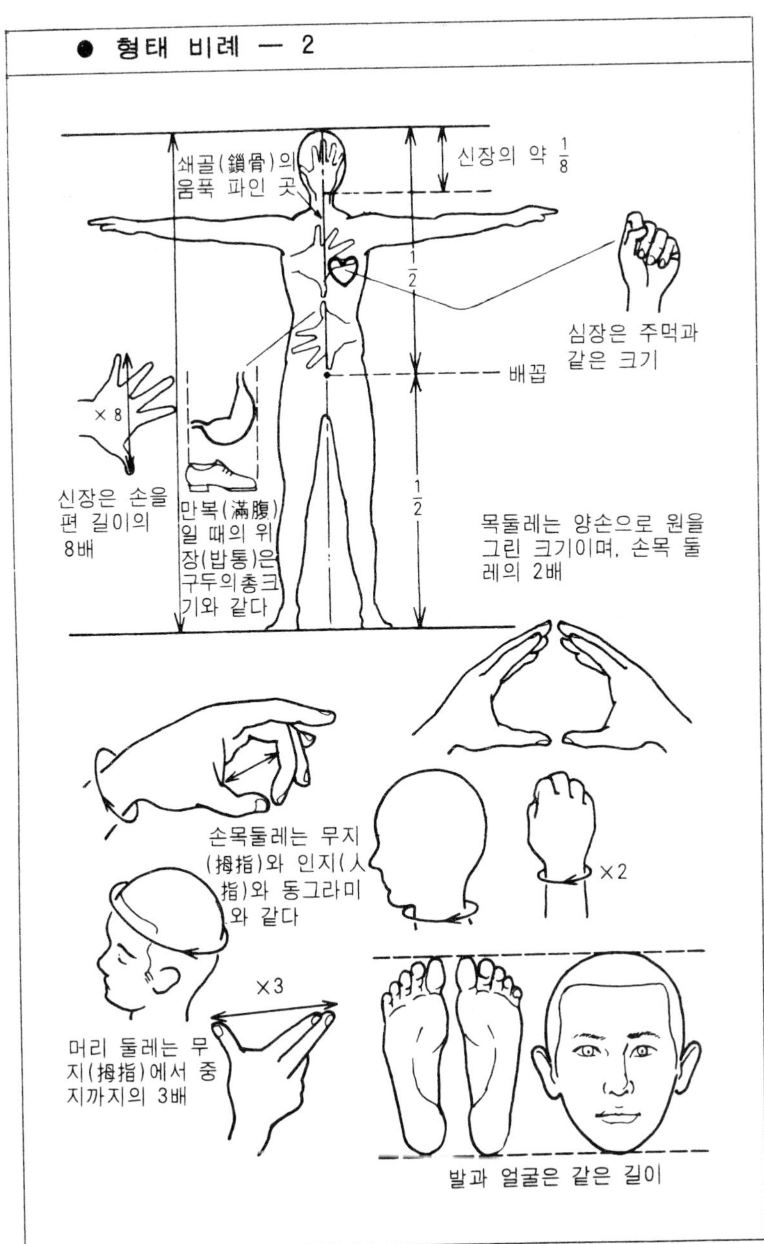
쇄골(鎖骨)의 움푹 파인 곳
신장의 약 $\frac{1}{8}$
$\frac{1}{2}$
심장은 주먹과 같은 크기
배꼽
× 8
신장은 손을 편 길이의 8배
만복(滿腹)일 때의 위장(밥통)은 구두의총크기와 같다
$\frac{1}{2}$
목둘레는 양손으로 원을 그린 크기이며, 손목 둘레의 2배
손목둘레는 무지(拇指)와 인지(人指)와 동그라미와 같다
×2
×3
머리 둘레는 무지(拇指)에서 중지까지의 3배
발과 얼굴은 같은 길이

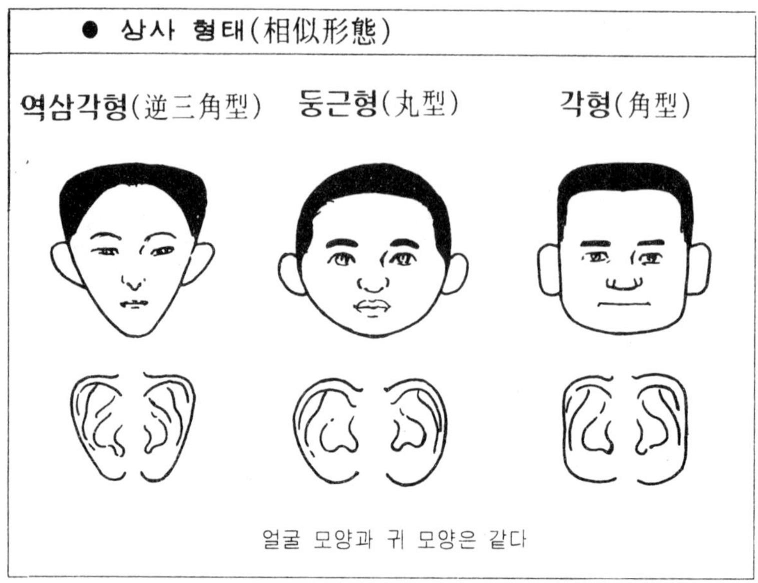

상사 형태(相似形態)

① 얼굴 모양과 귀 모양은 같다.

만약 제법 뚱뚱한데 둥근 얼굴인 사람의 귀가 역삼각형(逆三角型)을 하고 있다면 병적인 비만(肥滿)이다. 둥근 귀인데 얼굴이 야위어 있다면 이것도 신체의 고장이라고 여기면 된다. 다만, 이것은 유년(幼年)시대일 때가 아니라 30세 이후로 보는 것이다.

② 이마에 두발(頭髮)이 난 언저리는 돌 때의 모양과 25~30세 때쯤이 같으므로, 그것이 그 사람의 기준이 된다. 일찍 머리가 벗겨지는 사람은 한 살 때의 언저리도 얇고, 벗겨져 있는 것처럼 보인다. 그 뒤 차츰 모발(毛髮)도 짙어지고 언저리가 덮혀져 버리지만 30세 전후에는 돌 때의 원모양으로 되돌아 온다. 돌 때 사진을 찍어 놓으면 쉽게 대조가 될 것이다.

② 여성과 남성 어디가 다른가?

전항(前項)의 형태 비례에서는, 남녀의 구별없이 일반적인 공통 사례를 예거하였으나 이 항에서는 특히 여성과 남성과의 성별 차이에서 오는 형태 비례에 관하여 해설하고자 한다.

여성의 기본상—음대양소(陰大陽小)

옷에 가려져 있는 곳은 유방, 가슴, 엉덩이, 대퇴부 등이지만, 모두 크고 부드럽고 둥근 감을 풍기고 있다. 이에 대하여 밖으로 노출되어 있는 얼굴이나 손발은 모두 작고 섬세하고 우아하게 되어있다.

여성에 주어진 천성은 상냥하고 가정에서 집을 지키며, 아이들을 낳고 키우는 것이라 하겠다. 그래서 노동력을 나타내는 손발은 작고, 대사회성(對社會性)의 필요가 적은 데서 그것을 나타내는 얼굴도 남성에 비하여 작은 것을 표준으로 삼는다.

남성의 기본상—음소양대(陰小陽大)

가슴, 엉덩이, 대퇴부 등 옷에 가려져 있는 부분은 작고 빈약하다. 이에 대하여 얼굴이나 손발 등 밖으로 노출되어 있는 곳은 모두 크고 힘찬 느낌을 주고 있다.

남성의 천성은 밖에 나가 일하는데 있고 신체적 조건도 또한 그렇게 되어 있다. 노동력을 나타내는 손발은 크고 단단한 것이 보통이다.

대사회성(對社會性)을 나타내는 얼굴도, 그 만듬새는 힘차고 모나 있으며, 모든 것이 씩씩하게 되어 있다.

● 여성과 남성

여 성

한 마디 점

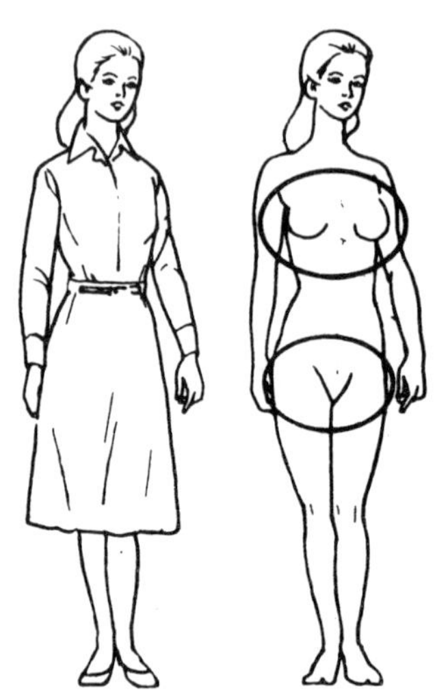

얼굴이 작고 손발이 큰 여성

일에 대하여 골똘히 생각하는 것이 고역이지만, 육체적으로 일 하는데 익한 형이다. 부부가 함께 직장생활을 는 형이나, 능동형인 여성에 많다.

● 얼굴이 크고 손발이 작은 여성

사교성이 있고, 고집도 세다. 남을 부려서 장사를 하는 여주인 형이라 할 것이다.

남 성

한 마디 점

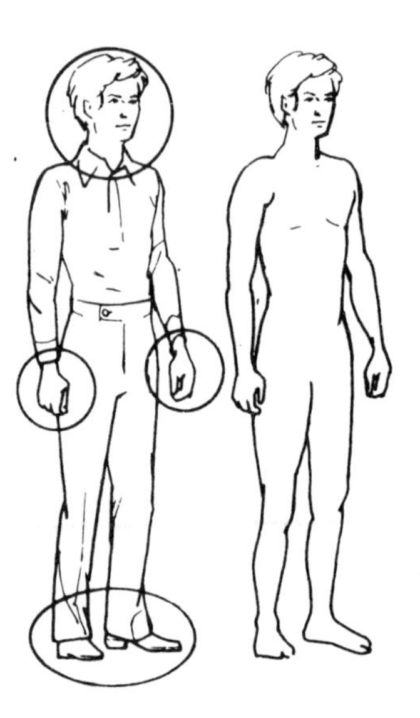

● 가리어져 있는 부분도 손발도 작은 남성

운세가 약하고 사회적으로 크게 성공하지 못하는 사람이다.

● 가리어져 있는 부분은 크고 손발은 작다

여성적이며 무슨 일에나 우유부단하다.

3 사람의 세가지 형 · 삼형질론

사람은, 얼굴이나 몸의 특징에서, 그 성격을 세 가지로 크게 분류할 수 있다. 천차만별이라는 얼굴이나 몸의 생김새를 겨우 세 가지로 분류한다는 것은 얼핏 생각하면 무리한것 같겠지만 아무리 복잡하고 여러 가지 형이 있는 것처럼 보일지라도 그것을 원래의 단순한 형으로 정리 분류하게 되면 남녀 함께 세 가지로 대별할 수 있는 것이다.

이 사람을 세 가지의 형으로 분류하는 방법을 관상학적으로는 삼형질론(三形質論) 또는 삼질론(三質論)이라 한다. 서양의 인상학(人相學)에서 고안되고, 심리학에서도 사용되는 방법으로서 본서에서의 관상점의 기본이 되어 있는 것이다.

삼형질이란 각형(角型:筋骨質), 역삼각형(逆三角型:心性質), 원형(圓型:榮養質)의 세 가지 이다.

□ 각형 근골질(筋骨質)

사람이 살아가기 위해서는, 무엇보다도 행동이 모든 바탕이 되는 것이다. 이와 같이 살아가기 위한 결정적인 수단이 되는 실행력, 행동력, 생활력의 가장 왕성한 얼굴 모양 그것이 각형(角型)으로 대표되는 근골질(筋骨質)이다.

얼굴과 몸의 생김새

몸은 힘차고 어깨 폭은 넓고 근골이 믿음직한 형이다. 보기에도 남성적이며 이른바 음소양대(陰小陽大)의 전형적인 표본이

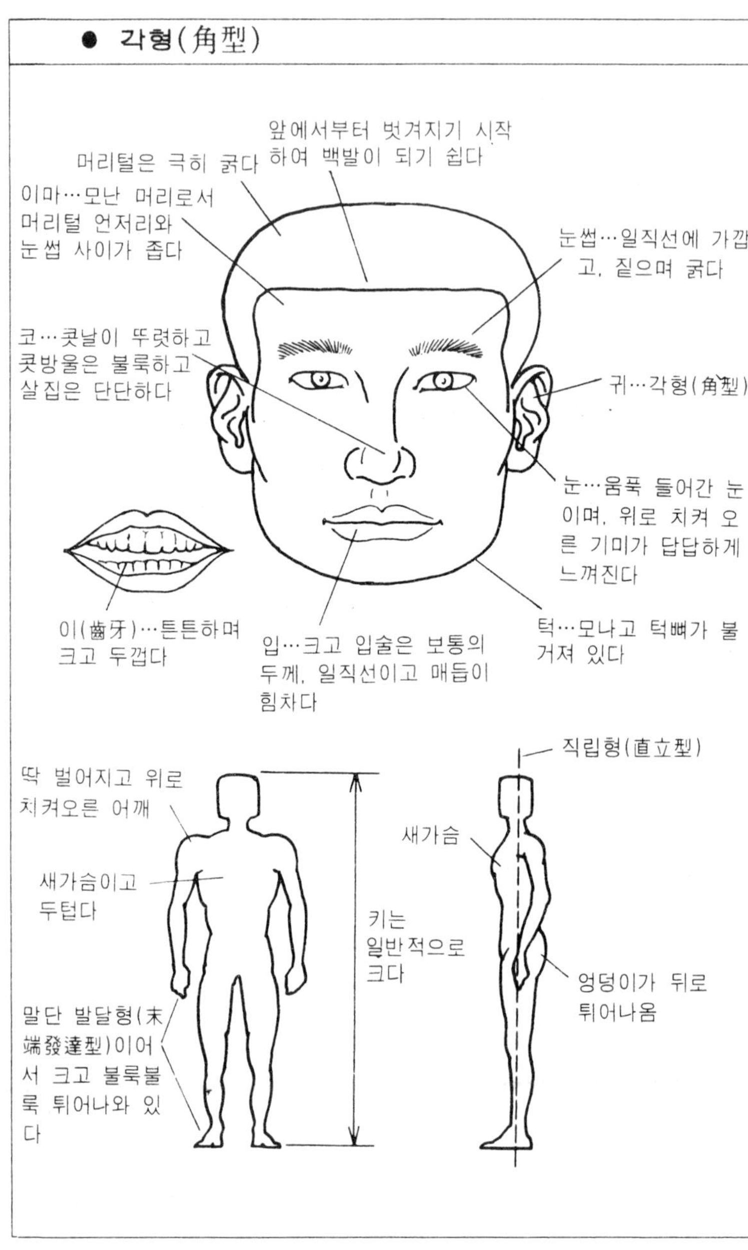
● 각형(角型)
앞에서부터 벗겨지기 시작하여 백발이 되기 쉽다
머리털은 극히 굵다
이마…모난 머리로서 머리털 언저리와 눈썹 사이가 좁다
눈썹…일직선에 가깝고, 짙으며 굵다
코…콧날이 뚜렷하고 콧방울은 불룩하고 살집은 단단하다
귀…각형(角型)
눈…움푹 들어간 눈이며, 위로 치켜 오른 기미가 답답하게 느껴진다
이(齒牙)…튼튼하며 크고 두껍다
입…크고 입술은 보통의 두께, 일직선이고 매듭이 힘차다
턱…모나고 턱뼈가 불거져 있다
직립형(直立型)
딱 벌어지고 위로 치켜오른 어깨
새가슴이고 두텁다
키는 일반적으로 크다
새가슴
엉덩이가 뒤로 튀어나옴
말단 발달형(末端發達型)이어서 크고 불룩불룩 튀어나와 있다

다. 음성도 씩씩하고 크며 울림이 있다.

각형 남성의 성격과 운세

우물쭈물하는 것이 질색이고 무슨 일이나 남보다 먼저 처리해 버린다. 어느 사이엔가 그 부지런함이 인정되어 승진한다. 이러한 성공운을 지녔다. 다만, 사무 계통에는 부적하여 현장에서 일하는 것이 직성에 맞는다. 조심할 일은 지나치게 허물이 있는 반면, 사소한 일에 배려가 부족하고 주위에 대한 생각이 부족한 점이다. 자기만이 표면에 나서기를 바라는 나머지, 그로 인하여 남으로부터 오해를 받을 가능성이 있다. 특히, 친구들과 함께 술을 들 때는 언어나 행동에 조심하여 남에게 상처를 주지 않도록 함이 좋을 것이다.

중년 전인 30세쯤부터 행동력이 인정을 받아 개운할 것이다.

질환으로는 관절염, 신경통 등에 유의하기 바란다.

각형 여성의 성격과 운세

남성에 뒤지지 않으려는 강한 기질의 여성이다. 가사도, 아이들을 돌보는 데도 적극적이며 재빠르게 잘 처리해 나간다. 여가는 남편과 즐기려는데 마음을 쏟고 남편을 보필하는 사람이다. 믿음직한 형이지만 자칫하면 가정에 윤기가 감돌지 않게 될 우려가 있다.

또 치맛바람이 심해서 모자회(母子會)의 임원 등을 기꺼히 맡아 나선다. 만약 집에서 점포나 상회를 경영하게 되면 주인을 제쳐 놓고 활약할 것이다.

역삼각형 심성질(心性質)

무슨 일이나 우물쭈물하지 않고 실행하고 적극적인 각형(角型)에 대하여 실행력이 뒤지고 공상형(空想型)이라 할까, 직접 몸을 움직여 활동하는 것이 고역일 것이 이 역삼각형의 대표적인 특징이며 심성질형(心性質型)의 표준이다.

얼굴 생김새와 몸집

얼굴 몸집이 가늘고 연약한 느낌을 준다. 어깨는 처져 있다. 가슴도 늑골(肋骨)이 부각되어 있다. 그래도 척수(脊髓)는 의외로 굵고 상체가 긴 편이다. 얼굴의 각 부분도 작고 살집도 적으며, 어느 곳이나 뾰족하게 보인다. 음성은 가는 편이나 높다.

전체적인 인상(印象)으로는 아무래도 굳셈, 씩씩함 등은 풍기지 않는다.

역삼각형 남성의 성격과 운세

대단히 치밀한 두뇌와, 복잡한 심사(心思)를 지닌 소유주이다. 그런 탓으로 사서 고생하는 성향이며, 항상 조마조마하고 신경성위염을 일으키기 쉽고, 사고방식도 내향적이다. 친구도 가리는 탓으로 친구들도 많지 않고 외톨이로 되기 쉬운 성격이다.

그러나 운세는 두뇌의 회전이 빠르기 때문에 빨리 열릴 가능성을 지니고 있다. 다만, 그것을 자기가 잡을 의욕과 실행력이 필요하다.

직업은 비서 혹은 경리 방면에 알맞다. 취미도 시조나 문학,

● 역삼각형(逆三角型)

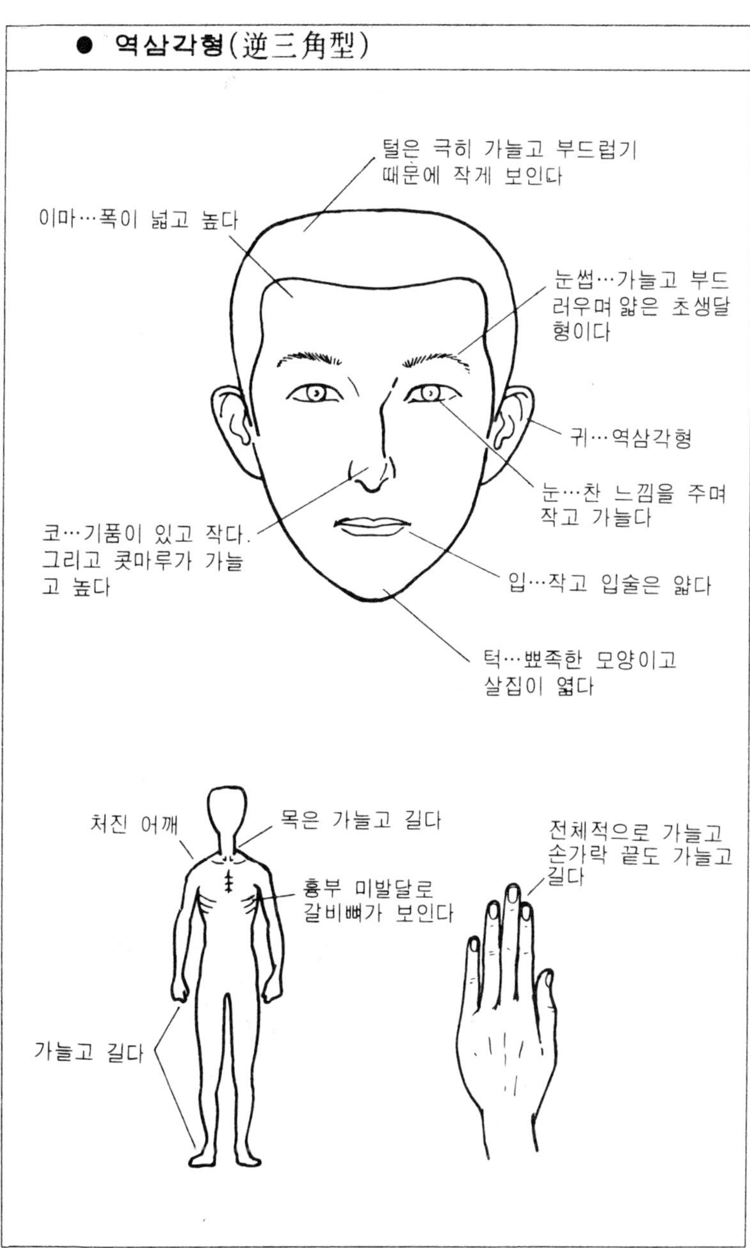
털은 극히 가늘고 부드럽기 때문에 작게 보인다
이마…폭이 넓고 높다
눈썹…가늘고 부드러우며 얇은 초생달형이다
귀…역삼각형
눈…찬 느낌을 주며 작고 가늘다
코…기품이 있고 작다. 그리고 콧마루가 가늘고 높다
입…작고 입술은 얇다
턱…뾰족한 모양이고 살집이 엷다
처진 어깨
목은 가늘고 길다
흉부 미발달로 갈비뼈가 보인다
가늘고 길다
전체적으로 가늘고 손가락 끝도 가늘고 길다

낚시 등 조용한 것을 택하기 쉽지만 자기 성격의 명랑성을 개발하기 위하여 상대가 있는 경기(테니스·골프)를 권하고 싶다. 직장에서도 될수록 명랑하고 쾌활하게 근무하는 것이 성공과 연결될 것이다.

역삼각형 여성의 성격과 운세

태도나 말씨가 침착하고 조용하면서도 얌전한 느낌을 주는 형이다. 머리의 회전도 눈치도 빠르고 장래를 계획적으로 설계해 나가는 현명성도 있다.

반면 그것이 지나칠 때는 생각에 행동이 뒤따르지 못하게 되며 무의식중에 쓸데없이 한탄을 하게 된다. 자모회(姉母會)의 회의 석상에서도 자기도 모르는 사이 두뇌의 빠른 회전성이 도리어 사단을 일으키고 이론적으로 지나치게 따지다가 고립하는 위험성도 있다.「힘 있는 독수리가 발톱을 감춘다」는 격언이 있음을 명심하고 언행에 조심하여 남들과 보다 폭 넓게 사귈 수 있도록 겸손할 수 있으면 인망(人望)을 얻을 수 있겠다.

 둥근형 영양질(榮養質)

각형(角型) 즉 실행형과 역삼각형, 비실행형의 양극단의 사이에 들어 있는 것이 둥근형의 영양질형이다. 양쪽에 한 발씩 들이 밀고 있는 것 같은 성격을 지니고 있다. 원만형, 요령형이라고 한다.

얼굴 생김새와 몸집

전체적으로 살집이 좋고 속되게 말하는 맥주통형이다. 두꺼운 가슴에 굵은 목, 어디에도 모가 없고, 둥근 맛을 품기고 있으며, 부드럽게 보인다. 음성도 작고 정답다.

둥근형 남성의 성격과 운세

항상 성공 출세의 기회를 잘 잡는 사람이다. 그것은 대인 관계도 양호하고 교제가 능란함으로 자연히 인기를 모은다.

일에 대해서도 동작이 다소 둔한 느낌이 있으나 실행력은 있다. 밀어 붙이는 힘도 있고 요령도 좋다. 밀고 당기는 것이 적당하게 균형을 이루고 있어서 외교관계, 장사, 관리직 등 무슨 일이나 맡아서 잘 처리해 나간다.

운은 스스로의 노력도 있겠으나 오히려 이끌어주면 잘 되는 타인 의존형이다.

둥근형 여성의 성격과 운세

정말 명랑하고 쾌활해서 남들의 호감을 받는 원만한 형이다. 어떤 모임에서도 항상 주위 사람을 즐겁게 해준다.

가정도 명랑하고 근무처에서 돌아온 남편에게 안도감을 주는 아내이다.

다만, 무슨 일에나 대범하고 어떤 의미로는 들뜬 형이다. 그것이 또 매력을 풍기는 것이 되는 것이지만 남성들도 좋아하는 형이다.

● 둥근형(丸型)

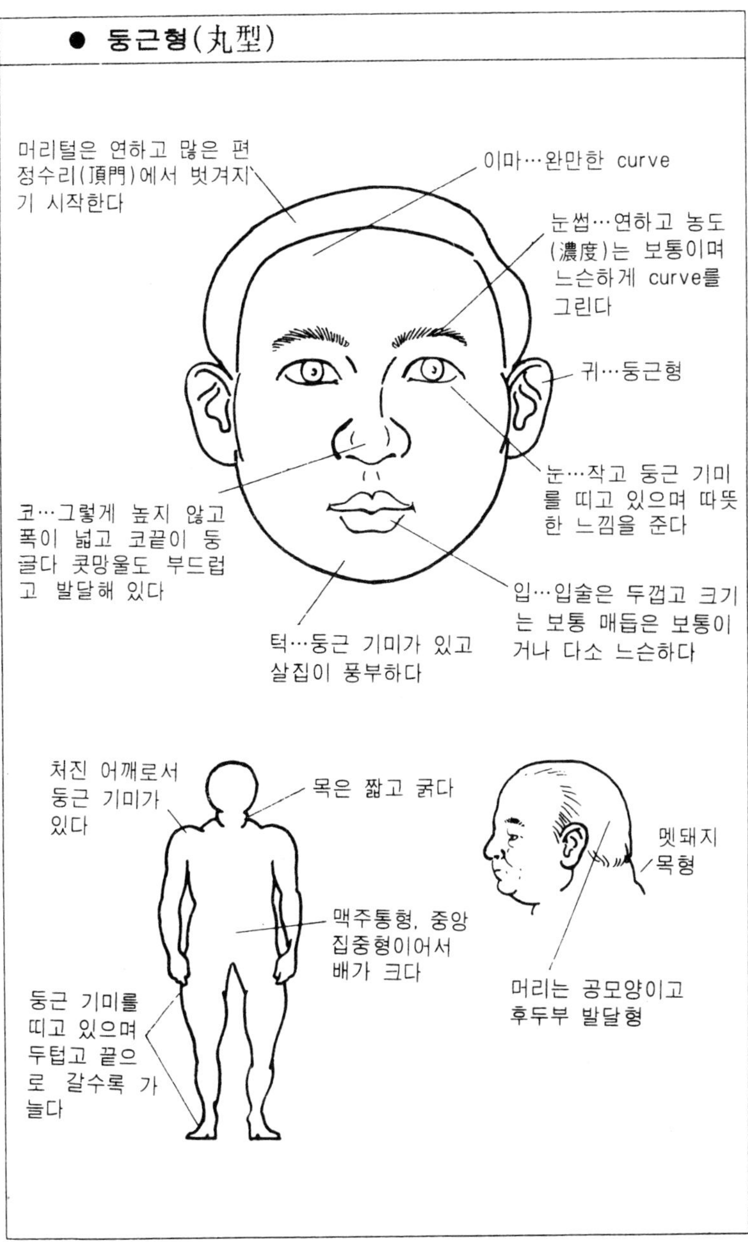
머리털은 연하고 많은 편
정수리(頂門)에서 벗겨지
기 시작한다
이마…완만한 curve
눈썹…연하고 농도
(濃度)는 보통이며
느슨하게 curve를
그린다
귀…둥근형
눈…작고 둥근 기미
를 띠고 있으며 따뜻
한 느낌을 준다
코…그렇게 높지 않고
폭이 넓고 코끝이 둥
글다 콧망울도 부드럽
고 발달해 있다
입…입술은 두껍고 크기
는 보통 매듭은 보통이
거나 다소 느슨하다
턱…둥근 기미가 있고
살집이 풍부하다
처진 어깨로서
둥근 기미가
있다
목은 짧고 굵다
멧돼지
목형
맥주통형, 중앙
집중형이어서
배가 크다
둥근 기미를
띠고 있으며
두텁고 끝으
로 갈수록 가
늘다
머리는 공모양이고
후두부 발달형

● 삼형질(三形質)의 비교
각형 여성(角型女性)
남자를 능가하는 적극형
역삼각형 여성 (逆三角型女性)
차분하지만 이론적이고 따지기를 좋아하는 수가 있다
둥근형 여성 (丸型女性)
명랑하지만 들뜬 곳이 있다

4 삼형질론의 응용 1 ● 평면복합

여러 가지인 사람의 얼굴을 세 가지로 분류한다는 방법—삼형질론(三形質論)을 창안한 서양의 인상학(人相學)은 획기적인 것이라 하겠다.

그러나 실제로 누구인가 얼굴에 적용하고자 하면 어딘가 닮은 것 같은데도 어딘가 상이한 것처럼 상당한 경험을 쌓지 않는다면 결코 쉽지가 않다.

그래서 실제의 사람의 얼굴에 조금이라도 더 접근하도록 얼굴을 다시 여섯 가지의 유형(類型)으로 세분해 보았다. 이 여섯 가지는 세 가지의 기본형이 두 개 혹은 세 개가 겹쳐 있는 것이다. 그런 까닭에 각 유형의 성격이나 운세는 기본형이 겹친 상태(무슨 형이 어디에 얼마만큼 끼여 있는가)에 의하여 결정되는 것이다.

□ 장사각형 각형의 변형(變形) (1)

기본형인 각형(角型)의 표준은 정방형(正方形)이다. 그런데 실제로는 각형으로 보이더라도 장사각(長四角)의 얼굴이 많은 것이다. 이 장사각의 얼굴은 각형의 안에 역삼각형이 들어가는 것으로 형성되는 것이다.

얼굴 생김새와 몸집

살집은 표준인 정방형보다 적고 마른 형으로 변형된다. 이것

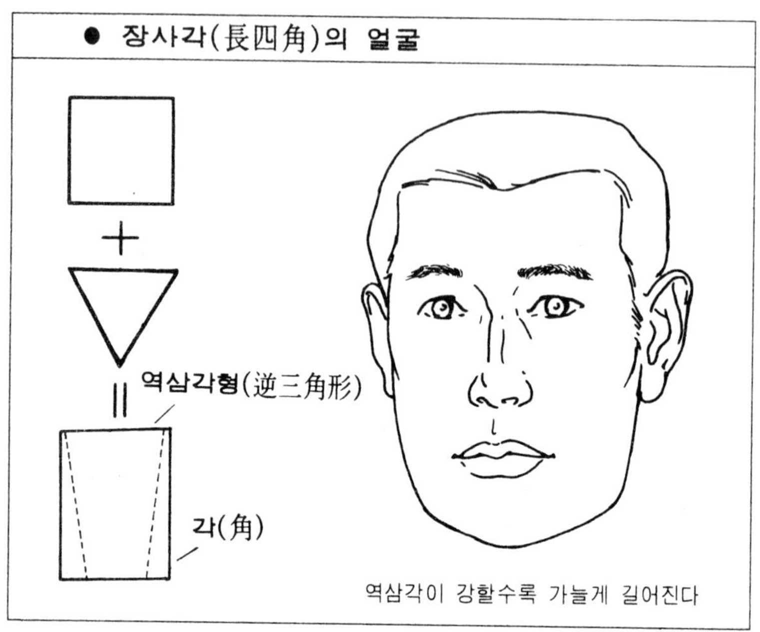

은 역삼각형인 심성질(心性質)의 요소가 가미된 것으로서 그 정도가 많으면 많을수록 얼굴은 길고 가늘어진다.

척수(脊髓)는 굵고, 튼튼하며 안색(顔色)은 정방형보다 약간 검은 편이다. 코는 높고 콧마루는 좁은 편이다. 맥박(脈搏)은 느릿느릿하여 장수(長壽)임에 틀림없다.

성격과 운세

얼굴 생김새가 가늘며 길게 됨에 따라 성격도 변화된다. 가장 큰 변화는 각형(角型)의 대표적인 성격으로 앞뒤 생각없이 함부로 날뛰는 자아행동형(自我行動型)에서, 지능형으로 옮아가게 된다.

역삼각형의 심성질(心性質)로 되어감에 따라서 얼굴에 기품

(氣品)이 나타나게 되지만, 많아질수록 점점 성미가 까다로워지게 되고 솜씨가 뛰어나는 민완가로 바뀌어 간다. 그 까닭은 둥근형의 영양질이 전혀 가미(加味)되지 않게 되는 까닭에 온화한 무드가 엿보이지 않게 되기 때문이다.

만약 이러한 사람에게 돈을 빌렸다면 독촉도 수단 방법을 가리지 않게 될 것이므로 입은 옷이라도 벗어주지 않고서는 못배기게 될 것이다.

오각형 각형(角型)의 변형(變形) (2)

이 얼굴 모양도 각형(角型)에 역삼각형이 끼어 들어서 형성된 것이다. 장사각(長四角)의 경우는 역삼각이 얼굴 안에 들어 있으므로 깡마른 모양으로 옮아 갔으나 얼굴의 아랫 부분에 역삼각이 들어 가면 턱이 뾰족해져서 오각형(五角型)으로 된다.

얼굴 생김새와 몸집

장사각(長四角)과 마찬가지로 각형(角型)에 비하여 살집이 작게 된다. 전체적으로 단단한 느낌을 주는 인상으로서, 코는 가늘어지고 눈과 코의 윤곽이 뚜렷하다. 이 정도는 역삼각형이 끼어 드는 정도가 현저할수록 강해진다.

안색(顔色)은 각형(角型)과 별로 변함이 없고 누른 빛을 띠고 있어서 거무스름하게 보인다.

중년에 살이 찌는 경향이 있는 형이다.

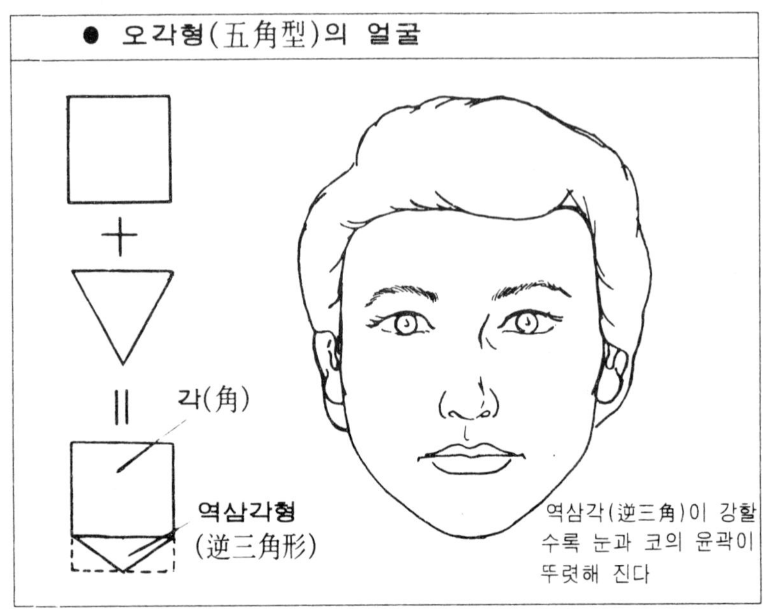

성격과 운세

얼굴의 아랫 부분안의 변형이므로 본래 지니고 있는 성격은 각형(角型)과 큰 차이가 없으나 약간 침착성이 엿보인다. 두뇌의 작용도 활발하고 연구심도 왕성하므로 인내력은 도리어 결여된다. 남에게 빈틈을 보이지 않는 성격이 많은 까닭에 만년은 고독하기 쉬운 경향이 있다.

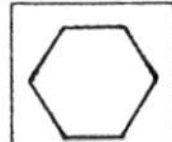

육각형 각형(角型)의 변형(變形) (3)

실행형의 각형(角型)이 다시금 강조된 얼굴이다. 각형(角型)의 중앙 부분에 하나 더 각형(角型)이 옆으로 들어오게 됨으로

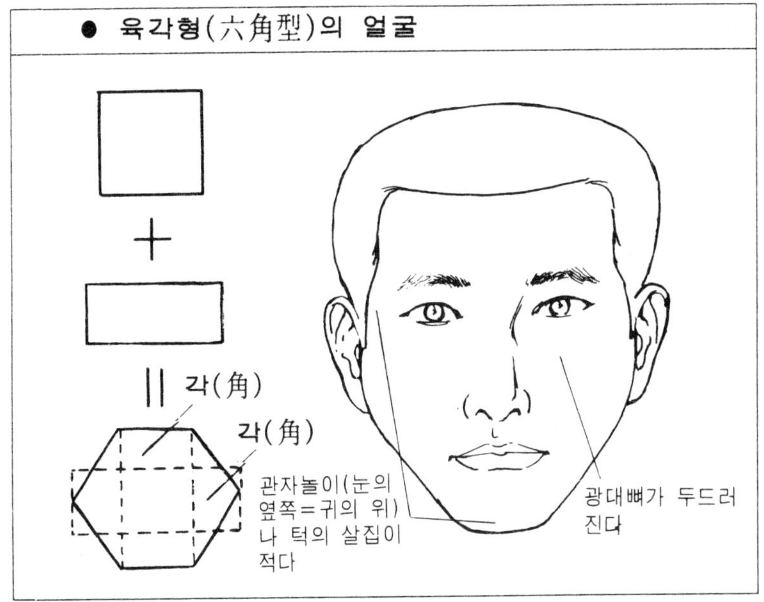

● 육각형(六角型)의 얼굴

보기에는 육각형(六角形)으로 보인다.

그런데 이것은 평면적인 변형이라기 보다도 뒤에서 기술하게 될 입체적인 변형에 의한데 원인하는 바가 많다. 그러나 일단 여기에서는 평면적인 것으로 열거하였다.

얼굴 생김새와 몸집

얼굴의 중앙에 하나 더 각형이 들어오는 것이므로 광대뼈가 돋보인다. 관자놀이나 아랫턱에도 살집이 적은 까닭에 전체적으로 육각형으로 보이는 것이다.

코는 약간 가늘어지고 높지만 짧다.

몸집도 울퉁불퉁하여 둥근 감이 없다. 안색은 누른 맛이 짙게 보여 햇볕에 그을은 듯하다.

성격과 운세

남에게 지지 않으려는 성질로 정열과 적극성이 강해서 자꾸만 표면으로 나타난다. 폭발력도 강하고 남에게 박력을 느끼게 한다. 기지(機知)에 넘치며 명랑하고 남의 호감을 사는 형이다. 난점을 말한다면 다소 지나치게 단순한 면이 있는 것이다.

운은 중년 집중형이어서 30세 전후부터 정력적이고도 원기 왕성하게 담당한 업무에 전력 투구(全力投球)하면 성공과 연결된다.

O 타원형 둥근형의 변형(變形) (1)

영양질(榮養質)의 둥근형을 바탕으로 하여 근골질(筋骨質)의 각형(角型)이 들어 있는 얼굴이다. 전체적으로 살집이 풍부한 편이어서 모든 면으로 둥근맛을 느끼게 하지만, 피부 등에 각형의 영향이 나타난다.

얼굴 생김새와 몸집

얼굴의 살집은 어디나 평균하여 적당하게 피하지방(皮下脂肪)이 붙어 있다. 눈·코·입 등도 전체적으로 온화한 느낌을 준다. 안색은 약간 거므스레한 것처럼 보인다.

몸 전체의 피부는, 각형이 들어감으로써 거칠고 야무지다.

성격과 운세

타고난 온화함에 근골질(筋骨質)의 실행력이 가미됨으로써 여러 사람들로부터 신뢰를 받는 형이다. 그러나 본래의 바탕이

● 타원형의 얼굴

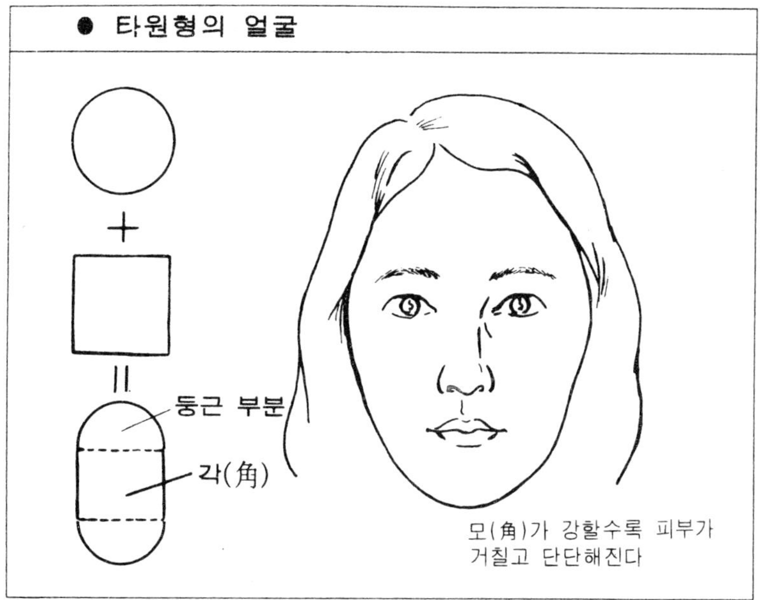

모(角)가 강할수록 피부가 거칠고 단단해진다

둥근형의 원만형이므로 마지막 마무리가 느슨한 면이 있겠다. 대인관계가 원만하고 조용한 형이다. 다른 사람에 대하여 마음을 쓰는 반면 까다로움도 약간 엿보일 것이다.

장수형으로 풍파가 없어 순조로운 인생을 보낼 수 있을 것이다.

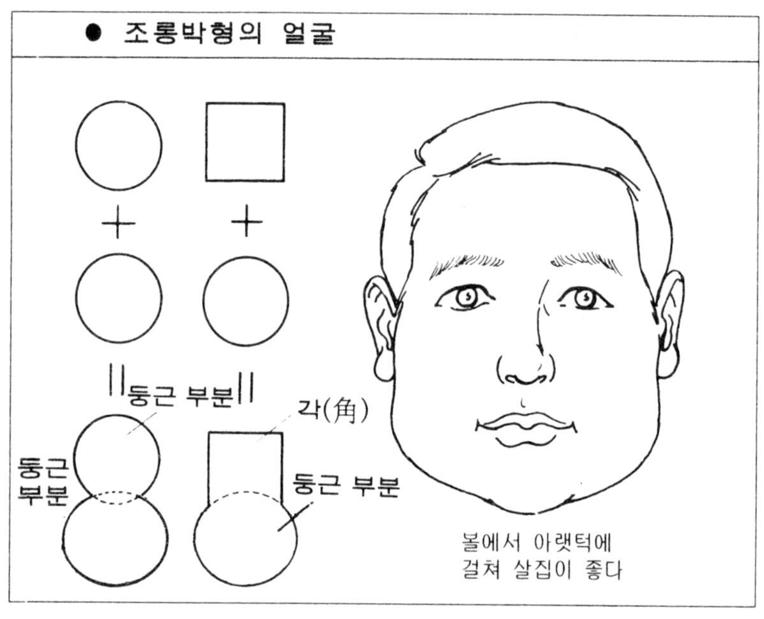

조롱박형 둥근형의 변형(變形) (2)

일반적으로 조롱박 모양으로 아래쪽이 이마쪽 보다 더 살이 찐 얼굴이다. 살집의 상태에 따라서, 각형의 하부에 둥근형이 들어간 얼굴과 둥근형에 하나 더 둥근형이 들어 있는 쌍원형(雙圓型)이다.

얼굴 생김새와 몸집

볼의 하부에서부터 아랫턱으로 내려갈수록 살집이 풍만해져서, 입 언저리도 남짓해져 있다. 두겹 턱으로 되기 쉽고 볼이 처져 있다. 균형의 관계상 이마는 좁게 보인다.

안색은 흰색의 정도가 두드러진다.

성격과 운세

둥근형의 영양질이 강조되어 동작은 더욱 느릿하다. 묵직한 맛을 풍기는 것이 듬직하고 인정가(人情家)로서 감동하기 쉬운 것이 특징이다.

몸의 건강상태가 부진할 때는, 몸의 움직임이 뜻대로 되지 않기 때문에 성미가 급한 면도 있을 수 있다. 질병으로는 고혈압에 조심해야 한다.

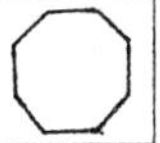

팔각형 모든 복합(複合)

어디라 할 것도 없이 둥근맛이 엿보이는가 하면 모도 있고, 얼굴 폭도 비교적 넓다…. 대관절 무슨 형일까? 이런 형이 팔각형이다. 각형, 둥근형, 역삼각형의 삼형질이 잘 혼합된 얼굴로서 운(運), 실행력, 생활력 등 모두 뛰어난 행운상(幸運相)이다.

얼굴 생김새와 몸집

몸집이 뚱뚱하지도 않고 또 깡마른 것도 아닌 보통형이다. 살결은 약간 성긴 편이다.

얼굴의 중앙부에 근골질이 들어오는 까닭에 코는 약간 짧고 콧망울이 부풀어 있고 단단한 느낌을 준다. 입도 매듭이 야무지다. 얼굴의 옆폭은 넓은 편이다.

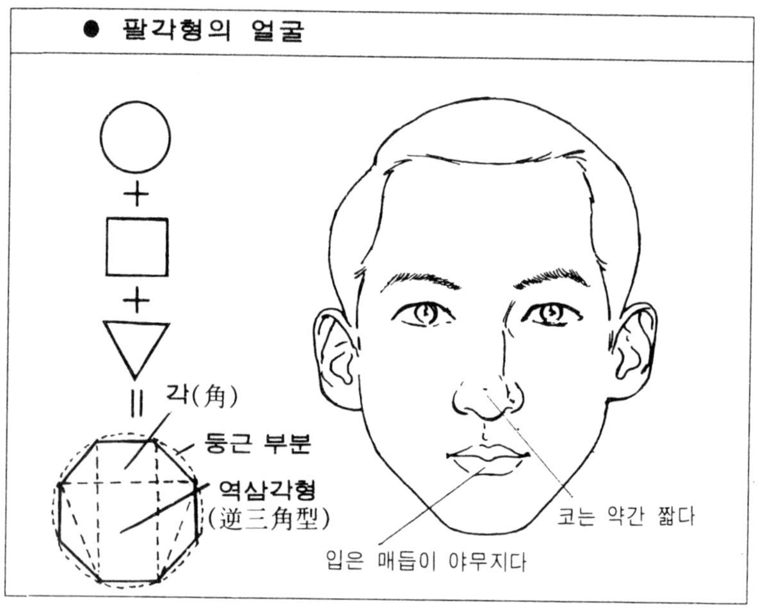

성격과 운세

강함과 온화함을 고루 지니고 있다. 사교적인 동시에 실행력도 있어서 사람들의 신뢰를 받게 된다. 직위와 신분도 자연히 구비하게 되는 성공형이다. 중요한 고비에 이르러서는 배짱있게 밀고 나가며 자제력도 있다. 아무튼 성격도 좋고 운세도 더 바랄 나위가 없다.

5 삼형질론의 응용 2 ● 입체복합

「인간이 복잡한 것……」이라고 누가 말했지만 사람의 얼굴은 평면적일 뿐만 아니라 입체적으로 여러모로 복합(複合)하고 있다.

입체적인 복합을 간단히 설명하면 세 가지의 기본 유형(각형, 역삼각형, 둥근형)의 하나를 바탕으로 하여 그 위에 어느 형이 겹쳐 있게 된다. 그 겹쳐 드는 정도 바탕과의 짜임새로 성격이나 운세도 정결된다.

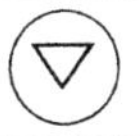

둥근형+역삼각형

둥근형의 영양질(榮養質)에 역삼각형의 심성질(心性質)이 위에 겹쳐들어 있다. 관자놀이의 아래로부터 턱에 걸쳐 줄이나 움푹 들어가 있는 것이므로 보기에 따라 둥근형으로도 삼각형으로도 보인다.

성격과 운세

바탕이 되는 것은 둥근형의 영양질로서 성격도 둥근형의 특징이 나타나게 되지만 삼각으로 보이는 정도가 강할수록 심성질(心性質)의 요소가 강해진다.

영양질이 지닌 온화함과 대인 관계에 대한 호감이 적어지므로 다소는 성미가 급하고 사람을 가려 사귀게 된다. 실행력도 저하해서 자포 자기 적으로 되고 만다.

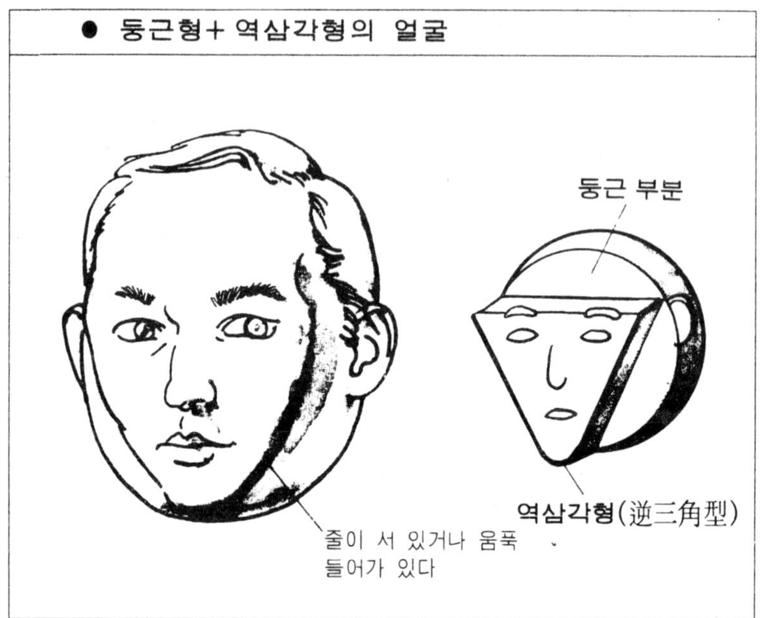

연인으로서는 사교성이 있는 사람이기는 하지만 이따금 까다로움을 엿보게 한다. 어린 아이가 너무 치근덕거리면 싫은 얼굴을 하게 될른지 모른다. 여성의 경우는 대범함과 섬세한 신경의 양면을 지니며 좋은 가정을 이룩할 것이다. 40세 쯤에서부터 운은 하향세가 될 것이다. 질병은 신경성위염에 조심해야 하겠다.

● 각형+둥근형의 얼굴

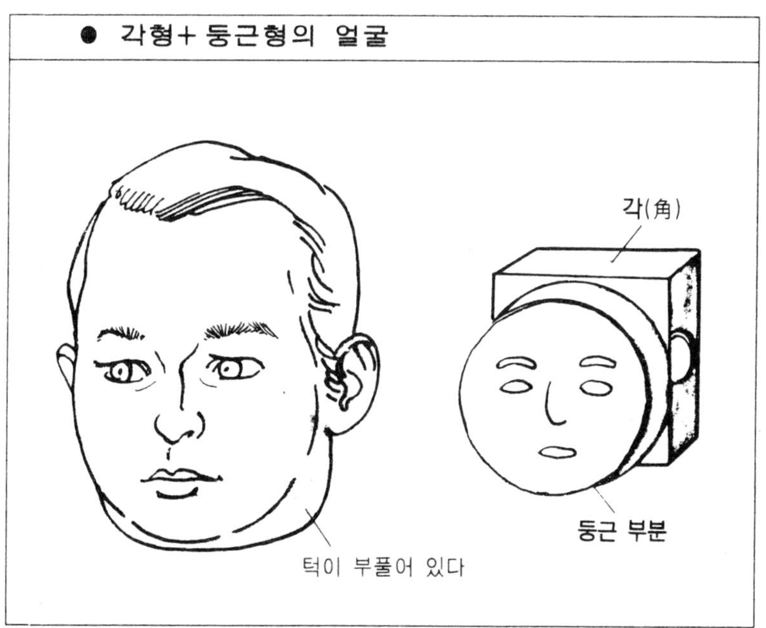

각형+둥근형

각형의 근골질 위에 둥근형의 영양질이 겹쳐들은 얼굴이다. 그러나 바탕은 어디까지나 각형이어서 전체적으로는 둥근맛을 느끼게 하고 있지만 턱이 부풀어 있는 것이 특징이다.

성격과 운세

바탕은 각형이어서, 본질적으로는 성실하고 옆도 돌보지 않는 실행형이지만, 어느 때부터인지 세태(世態)에 물젖어 교활성을 익히게 된다. 적당하게 물러 설 줄도 안다. 사교성과 함께 그러한 요령이 지렛대가 되어 출세형이 된다.

연인(戀人)으로서도 믿음직한 형(型)이다. 온화함과 사나이다움의 양면을 지니고 있으면서 깊이도 느끼게 한다. 해야 할 일은 반드시 해내고야 말겠지만 조금 시간이 걸리는 것이 난점이다. 여성은 심지가 박혀 있는 야무진 사람으로서 역경에 강하고 가정적인 면도 크게 있는 사람이다.

집요함이 좀 모자라기 때문에 돈을 빌려주어도 기다려 주는 면도 있다.

각형+역삼각형

각형의 근골질을 바탕으로 하여 역삼각형의 심성질이 위로 겹쳐 든 얼굴이다. 앞에서 말한「둥근형+역삼각형」과의 차이는 이마에 있다. 이 부위에서 각형과 역삼각형이 겹치게 됨으로 넓게 모나 있는 느낌을 주는 이마로 보인다.

한편 얼굴의 모양을 말하면 역삼각형의 요소가 강하게 들어온다. 코는 높고 기품이 있는 느낌을 주고 입이나 입술도 작고 얇으며 싸늘한 인상(印象)을 준다.

성격과 운세

실행하기에 앞서 먼저 생각하게 된다. 이것은 역삼각형의 지능적 요소가 들어오기 때문인데 현명성도 돋보이는 반면 싸늘한 맛도 돋보인다. 만약 이러한 형의 사람에게 돈을 빌렸다하면 독촉은 뼈다귀있는 말만으로 몰아 세워 닥달질을 할 것이다.

살기에는 윤택함이 없겠지만 생활 설계를 짜임새 있게 세우는 계획성 있는 형이다.

● 각형+역삼각형의 얼굴

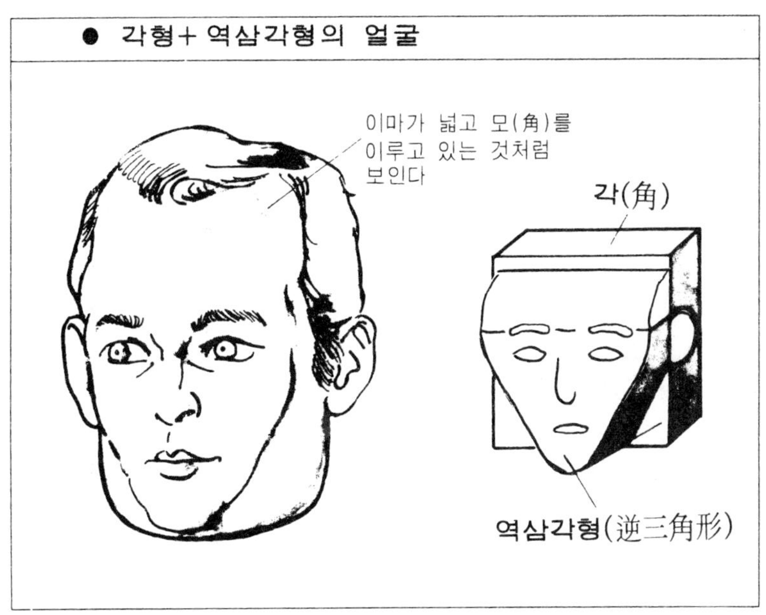

 각형+오각형

각형의 근골질 바탕에 오각형의 복잡한 근골질이 겹쳐 들어온 얼굴이다. 그러기 때문에 오각형의 특징인 턱의 뾰족함은 없어지고 턱이 단단하게 부풀어 있는 느낌을 줌으로 얼핏 보면 육각형처럼 보인다.

얼굴은 크고 눈·코에도 근골질의 특질이 강하게 나타난다.

성격과 운세

성격도 보다 근골질의 성질이 강조된다. 적척 맡은 일을 실행

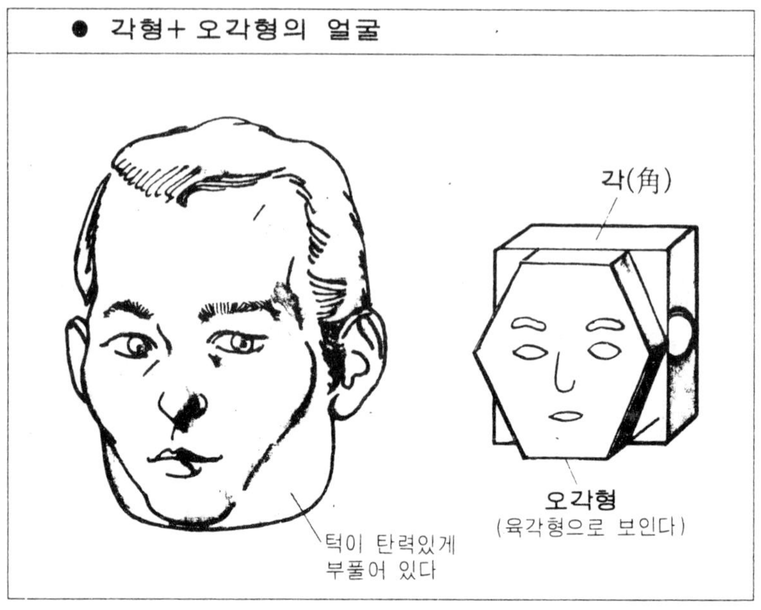

해가는 형이다. 다만 판단이 물러서 경솔한 행동을 취하게 되기도 한다. 성격이 둥글고 온화한 맛이 없는 것이 결점으로서 때로는 그로 인하여 말다툼의 불씨가 되기도 한다.

명랑하고 구김살없는 성격이므로 연인으로서는 즐거운 연애생활을 보낼 수 있을 것이며, 결혼 상대로서는 명랑한 가정을 영위할 수가 있겠다. 또 이 얼굴형의 여성은 맞벌이형으로서 무슨 일에도 귀찮게 여기지 않고 부딪치는 적극성이 있고 집안일도 척척 솜씨 좋게 처리해 나간다.

만약 돈을 빌렸다하면 언제까지나 우물쭈물하면서 핑계를 꾸며대서는 안된다. 깔끔하고 성미가 급한 성격이므로 결론부터 먼저 딱 이야기하면 「좋아 알았어」하고 뜻밖에 간단히 납득할 수 있는 그런 형이다.

6 측면에서 본 얼굴

지금까지 소개한 관상법은 모두 정면에서 본 것이다. 인상(人相)은 여러 방면의 각도에서 보아야 하는 것으로서 여기에 소개하는 것은 얼굴을 옆에서 보는 측면 관상법이다. 역시 세 가지의 형으로 분류하는데 누구에게나 쉽게 특징을 잡을 수 있고 비교적 간단히 볼 수 있는 방법이다. 정면에서 본 얼굴형에 이 측면관법을 덧붙여서 더욱 정확한 판단의 기준으로 삼는다.

다음의 그림처럼 동그라미를 그려놓고 코가 동그라미의 밖으로 나오는가? 안에 있는 것인가? 또 동그라미의 중심부에 오는가의 세 가지의 형으로 나눈다.

동그라미의 밖으로 나와 있는 부분은 프러스, 동그라미 안에 들어가 있는 부분은 마이너스로 나타낸다.

다만, 이 분류법은 어디까지나 얼굴의 전체를 대범하게 간추린 것이다. 실제의 사람의 얼굴은 이를테면 이마의 부분만을 예거하더라도 각각 요철(凹凸)의 차이가 있는 것이다. 상세한 것은 다음 삼정론(三停論)을 참고하기 바란다.

철형 양성형(陽性型)

얼굴의 중앙부가 앞으로 튀어나온 것 같은 얼굴이 철(凸)형이다. 보기에도 명랑하고 상쾌한 인상(印象)을 준다. 이 얼굴을 반듯이 옆으로 눕혀서 물을 부우면 금방 흘러내려서 어디에도 고여 있는 곳이 없는 것과 미찬가지로 생각하기에도 싫은 일이나 슬픈 일 등은 쉽게 잊어버리고 만다. 명랑한 성격을 지니고

● 측면에서 본 얼굴

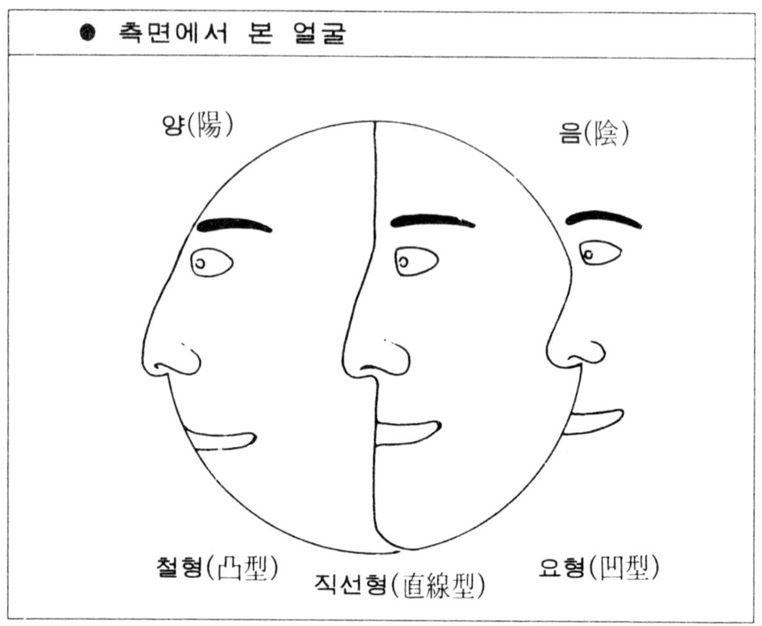

있다.

무슨 일에 대해서나 곧 반응을 나타내지만 오래 끌지 않고 흐지부지하기 쉽다. 무슨 일이 있으면 금방 얼굴에 나타내고 말듯이 단순하고 정직한 성격이라 하겠다.

두부에 상당하는 곳이 마이너스임으로 너무 깊게 사물을 생각하려 하지 않는다. 코는 프러스이지만 입은 마이너스가 되고 실행력은 있으나 달기 쉬운 것이 식기 쉬운 것처럼 뒤끝을 매듭짓지 못한다.

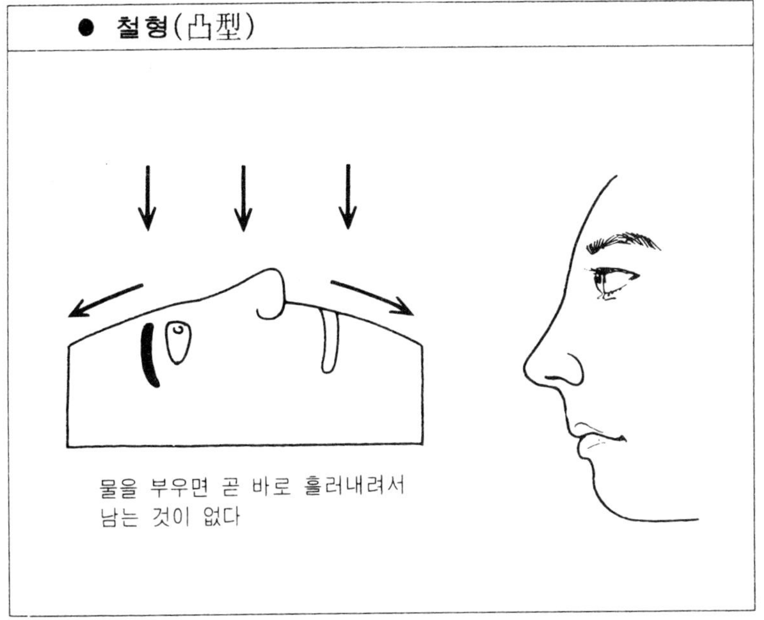

직선형 음양형(陰陽型)

얼굴의 어느 부분에 있어서도 프러스 마이너스가 평균해 있다. 그러기 때문에 성격도 어느 쪽으로 기울지를 않고 가장 정상적이고 상식적인 형이라 하겠다.

얼굴을 옆으로 해서 물을 부우면 물은 알맞게 흘러내리고 코의 상하에 약간 고일 정도이다. 사물에 대해서는 분별이 있고 야무진 사고 능력을 지니고 있다.

● **직선형**(直線型)

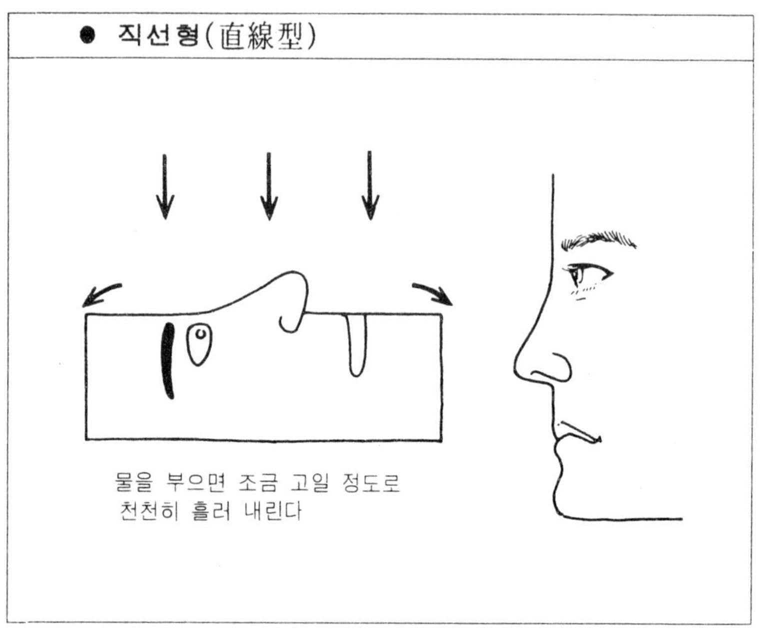

요형 음성형(陰性型)

이마와 턱이 앞으로 튀어 나오고 얼굴의 중앙부가 움푹 들어간 초생달형의 얼굴이다.

이 얼굴을 옆으로 해서 물을 부우면 중앙부에 물이 고이는 것처럼 성격도 음울하고 안으로 파고 드는 내향적 소극형이다.

머리는 좋고 이론적인 면이 이따금 나타나지만 전체적으로는 입은 무거운 편이다. 다만 주위의 사람에게 아무런 설명도 없이 갑자기 놀라게 하는 격렬한 행동을 하는 수도 있다. 그러기 때문에 어느날 갑자기 사람이 달라진듯한 인상을 주는 수가 있다.

자기에게 있어서 좋았던 일은 말할 것도 없지만 남에게서 받

● 요형(凹型)

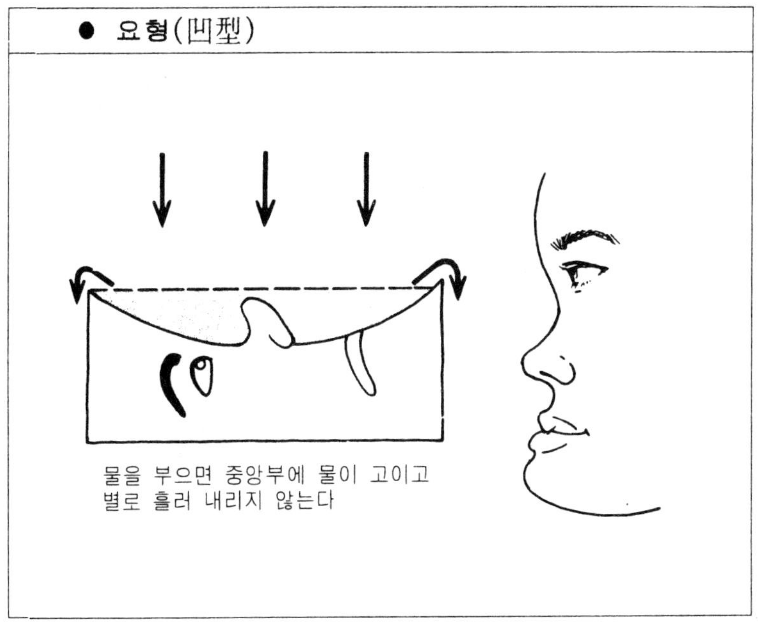

은 모욕이나 배신을 당한 일 등은 언제까지라도 끈덕지게 가슴에 새겨두고 잊으려고 하지를 않는다.

7 얼굴의 세 구분 ● 삼정론

사람의 얼굴은 눈썹과 코끝 부근을 경계로 하여 대개 셋으로 구분할 수가 있는데 이것을 삼정론(三停論)이라 한다. 초년운(상정), 중년운(중정), 만년운(하정)을 보는 한편 그 사람의 대인(對人)관계 등을 판단한다.

삼정(三停)의 구분과 역할

상정(上停)

머리털이 난 경계에서 명궁(命宮)까지가 상정(上停)이다. 사람의 얼굴을 보면 코뿌리가 약간 음푹한데 인상학(人相學)에서는 거기를 산근(山根)이라 하며 명궁(命宮)은 바로 그 위에 해당되는 부위(部位)이다. 일반적으로 다른 해설에서는 상정(上停)이란 머리털이 난 부위와 이마의 경계에서 눈썹까지로 되어 있으나 위로 치켜 오른 눈썹과 아래로 처진 눈썹에 따라 판단이 달라지게 된다. 정확한 경계는 명궁(命宮)의 중심까지이다.

또한 명궁 그 자체도 삼정론(三停論)과 관련이 있는 것이다. 이 책에서는 삼정론에 있어서의 명궁(命宮)의 역할을 그러한 뜻에서 저수지(貯水地)라 부르기로 한다(후술 참조=後述參照).

상정(上停)은 타고난 천부(天賦)의 운, 지력(知力), 지능을 나타내는 것이며 공장을 예로 들면 암시를 받아서 설계도를 작성하는 곳이다. 상정(上停)은 또 조상이나 부모로부터의 은혜 윗사람의 이끌어 줌을 받는 안테나의 역할을 담당한다.

● 삼정(三停)의 구분

상정(上停)과 중정(中停)의 경계 보는 법

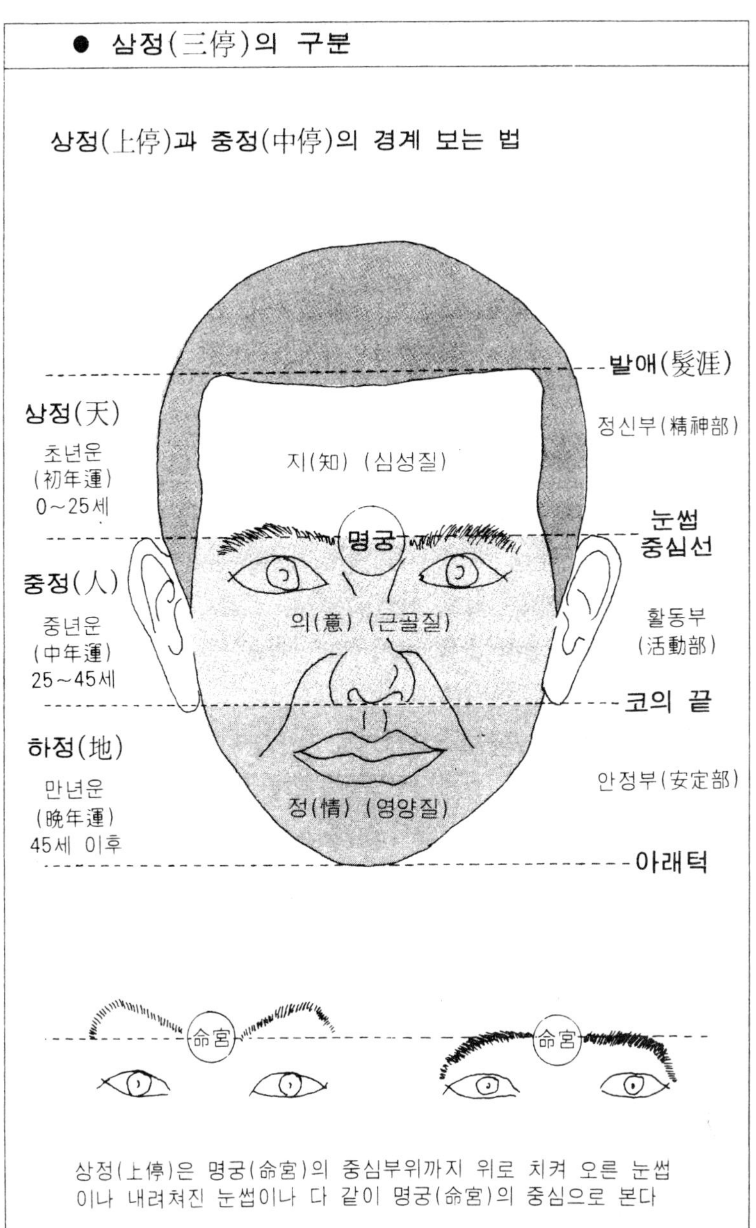

상정(上停)은 명궁(命宮)의 중심부위까지 위로 치켜 오른 눈썹이나 내려쳐진 눈썹이나 다 같이 명궁(命宮)의 중심으로 본다

이마가 예쁘고 크고 높은 사람일수록 암시도 훌륭한 것이어서 좋은 설계도를 그리게 되며 안테나로 받아 들인 여러 가지의 은혜나 재산을 저수지에 장애에 부딪침이 없이 보낼 수 있게 된다.

얼굴의 각 기관으로 말하면 상정은 이마와 눈썹, 중정(中停)이 눈·코·귀, 하정(下停)이 입이 되는 것이다. 이것들에 관해서는 다음 장에서 따로 따로 상술하겠으나 각 기관을 점칠 임시에도 삼정론은 기본이 되는 이유의 하나이다.

저수지(貯水池)

상정과 중정의 경계, 눈썹과 눈썹의 사이로서, 앞서 말한 명궁(命宮)에 해당하는 부분이다. 상정(上停)에서 흘러온 조상이나 부모, 윗사람으로부터의 여러 가지의 은혜나 재산을 저장해 두는 곳이다. 즉, 상정(上停)에서 받은 것을 중정(中停)으로 건네주는 교량 역할을 지니고 있다.

저수지는 맑고 아름다운 색이어야 함이 이상이다. 그 사람의 내면의 수양이 그대로 나타나는 부위인데 평소에 이 부분을 손가락으로 맛사지 해주면 아름다운 색으로 될 수 있다.

중정(中停)

명궁(저수지)의 아래서 코끝까지의 중앙 부분을 가리키며 25세에서 45세까지의 중년운(中年運)을 보는 장소이다. 공장으로 비유하면 설계도를 보면서 저수지에서 받은 은혜나 재산을 활용하고 소재(素材)를 가공하며 제품화하는 부위라 할 수 있겠다. 가공이나 제품화는 자력으로 행하는 것이어야 하므로 이 장소는 실행력, 의지력을 나타내고 있는 것이다.

운세로서는 자기를 중심으로 하여 횡적인 연계(連繫) 즉 부부관계나 사회관계의 상태를 본다.

하정(下停)

코 끝에서 턱 밑까지의 부분으로서, 45세 이후의 만년운(晩年運)을 보는 곳이다. 선천(先天), 후천(後天)에서 생긴 운세의 집대성이라 할 수 있는 장소로서 애정운, 주택운, 부하운 등을 본다. 공장으로 비유하면 완성한 제품을 판매하여 그 성과를 아는 부위이다.

● 상정(上停)

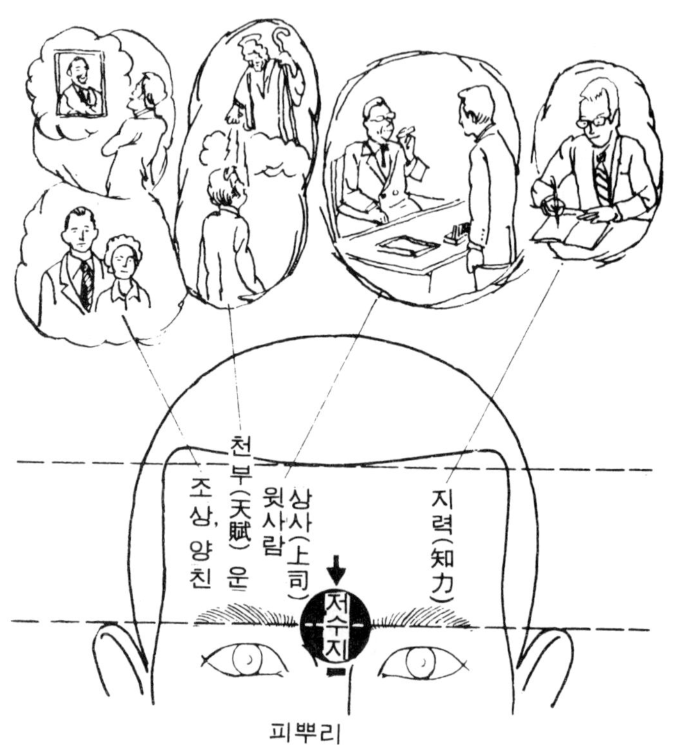

선천운(先天運)을 받아서 인생의 청사진을 만들고 저수지에 보내는 곳
회사로 말하면 착상(着想)을 느끼고 설계도를 만드는 부분

한 마디 점(一言占)

이마의 중앙 부분에 흠이나 나쁜 색이 나타나면 윗사람이나 친척, 장사의 거래에 무엇인가 불길한 일이 일어날 것임을 암시하는 것이다.

● 중정(中停)

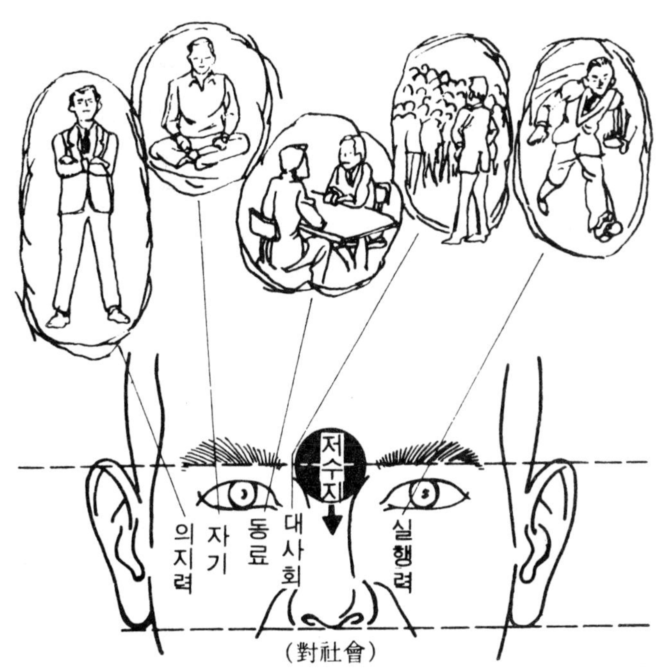

저수지에 받아 들인 것을 활용하여 자기 스스로 인생을 개척해 나가는 곳
회사로 말하면 설계도를 바탕으로 하여 제품을 만드는 부분

한 마디 점(一言占)

부부 관계의 상태는 눈의 양쪽 가로에 나타난다. 만약 양쪽 눈의 좌우 근처에 아름다운 색이 나타나 있으면 부부 금슬이 좋음을 표시하는 것이다.

● 하정(下停)

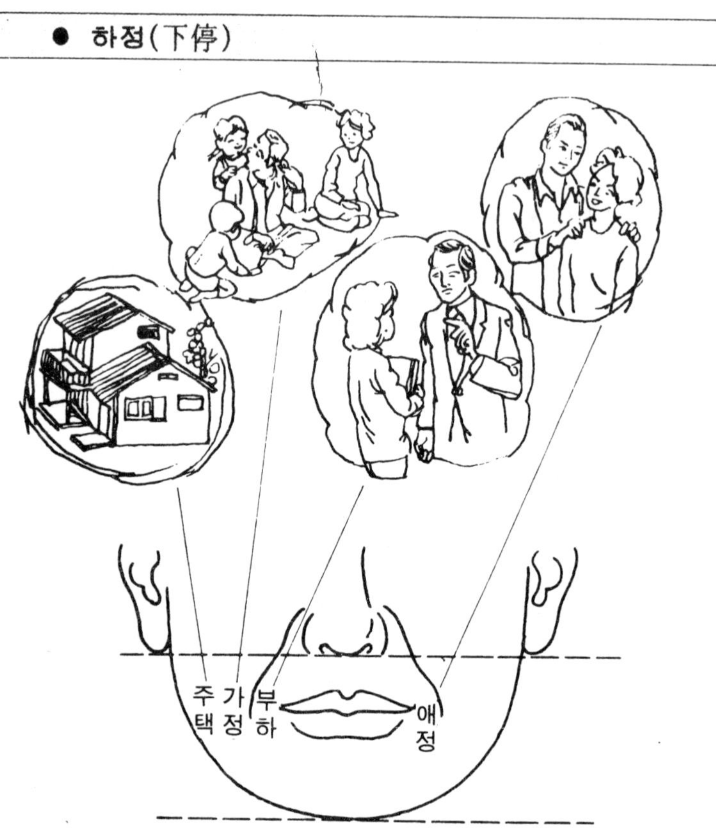

회사로 말하면 수금을 해서 금고에 저축하는 부분
중정(中停)의 활약을 통하여 인생의 수지 결산을 보는 곳

한 마디 점(一言占)

이 턱 부분은 자기를 중심으로 한 주위 환경을 나타내는 곳으로서 만약 붉은 점이 나와 있다면 이웃과 다툼이 있거나 멀어지는 결과가 일어난다

삼정(三停)을 보는 법

얼굴 폭의 차이

① **볼이 홀쭉하게 여윈 사람**: 볼이 홀쭉하게 여윈 사람은 하정(下停)이 작을 수 밖에 없다. 하정이 의미하는 애정운이 약해진 상(相)으로서 마음이 풍요로워지면, 볼에 살이 붙게 되고 안정된 만년 운이 될 것이고, 가정운도 양호해진다.

② **얼굴 옆쪽이 넓은 사람, 두꺼운 사람**: 그림처럼 사선(斜線)부분이 살집이 좋은 사람, 또는 얼굴 옆폭이 넓은 사람은, 얼굴 정면에 있을 흉(凶)한 부분을 도우는 보조운(補助運)이 있는 사람이라 본다.

주택, 가정, 자손운을 타고 났을 것이며 안정된 만년을 보낼 수 있다.

얼굴 모양의 차이

삼정이 표준과 같이 같은 길이의 사람은 초년, 중년, 만년이라는 일생을 통하여 평균적인 운세를 지니고 있다. 삼정의 크기가 틀리면 그에 상응하여 운세도 변화한다. 그러나 삼정이 같거나, 상이하거나 또는 길이나 폭에 따라서 운의 강함이 달라진다. 다시 말하면 삼정은 길이만이 아니라 옆폭과 아울러 이룬 면적의 크기가 중요한 것이다.

① **둥근형의 얼굴**: 상정·중정·하정으로 삼분(三分)하면 중정의 면적이 가장 넓다. 즉, 중년운이 가장 좋고 다음으로 만년, 초년운은 약간 약하다고 판단한다.

② **각형의 얼굴**: 초년·중년·말년 모두 같은 면적으로서, 운도 평균되어 있으나 초년이 조금 약한 편이다.

③ **역삼각형의 얼굴**: 면적은 초년·중년·만년의 순으로 작아진다. 즉 갈수록 운이 약해지는 것을 나타내고 있다.

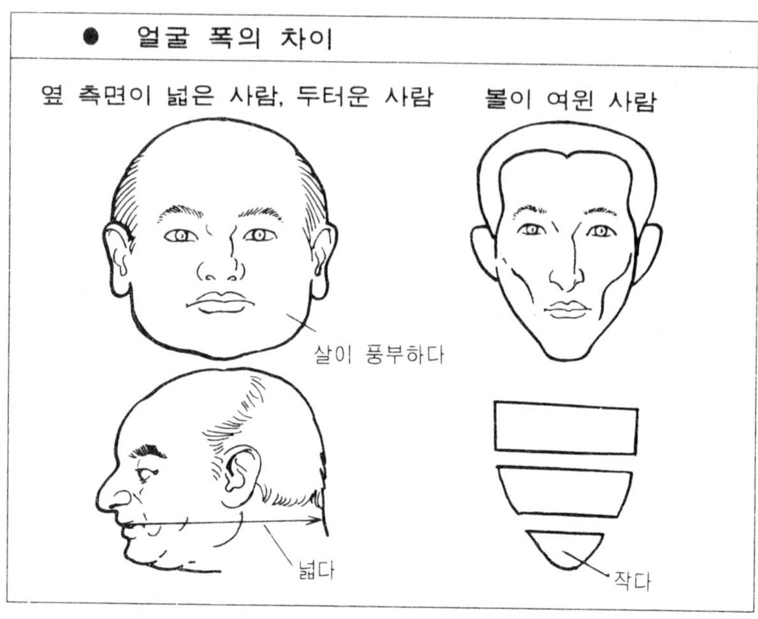
● 얼굴 폭의 차이
옆 측면이 넓은 사람, 두터운 사람
볼이 여윈 사람
살이 풍부하다
넓다
작다

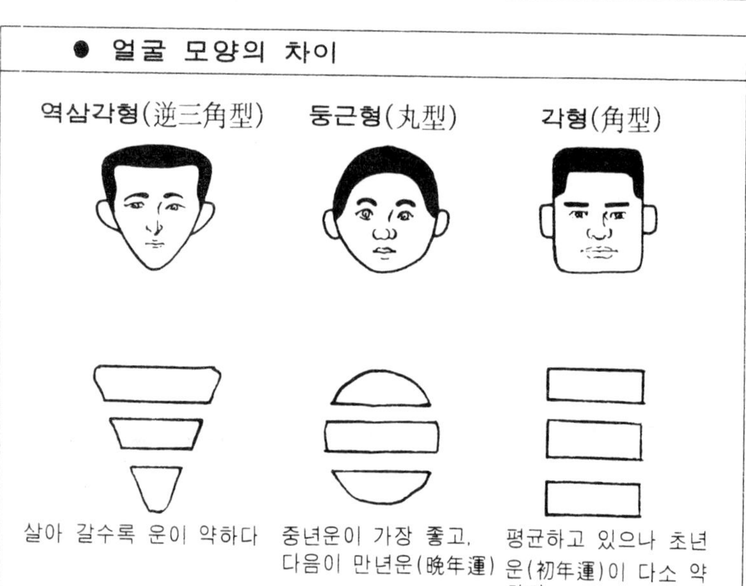
● 얼굴 모양의 차이
역삼각형(逆三角型)
둥근형(丸型)
각형(角型)
살아 갈수록 운이 약하다
중년운이 가장 좋고, 다음이 만년운(晩年運)
평균하고 있으나 초년운(初年運)이 다소 약하다

운세(運勢)를 보는 법

상정(上停)이 작은(낮은, 좁은)사람

① **상정이 낮고, 얼굴 폭은 좁고, 중·하정이 비슷한 얼굴**: 윗사람이 인도해 주는 운세도 적고 부모로부터의 은혜도 기대할 수 없고 초년운은 타고나지 못했다.

그러나 중년 이후에는 운도 좋아지고 생활력도 있어서 가정이 안정된다. 윗사람에게 거역하지 아니하며 동료 부하를 소중히 하면 성공한다. 여성에게 있어서는 좋은 운이다.

② **상정이 낮고, 얼굴 폭은 넓고, 중·하정이 비슷한 얼굴**: ①의 얼굴과 같게 보이지만, 이 경우는 상정이 낮을지라도 이마의 폭이 넓고, 면적으로 말하면 상·중하가 고른 얼굴이라 하겠다.

특히, 실무 방면에서 두뇌가 명석한 사람이다. 상사(上司)로부터의 인도로 여러 사람으로부터 받게 되고 초년에서 중년초에 걸쳐 출세 코스로 들어서게 된다. 초년·중년·만년 다 함께 좋은 운세이다.

여성은 두뇌가 명석한 탓으로 도리어 마이너스를 보게 되는 수가 있겠으나, 가정을 이룩하면 융통성이 있고, 자모회의 역원 등으로 힘을 발휘하는 형이다.

③ **상·하정 다 같이 작고, 중정이 큰 사람**: 윗사람의 인도를 잘 받지 못하지만, 중년에는 껑충 뛰어 오르는 사람이다. 세상 사람들과 교제도 넓고 무슨 일에나 적극적이어서 그것이 성공을 가져다 준다. 그러나 만년운이 약하므로 중년기에는 알뜰하게 저축에 힘을 써야 한다.

여성의 경우는 표면에 나서기를 좋아하는 나머지 도리어 쓸쓸한 만년을 보내게 된다.

④ **상·중정 다 같이 작고, 하정이 큰 사람**: 손윗 사람이나 부모로부터의 은혜도 적고 소극적이어서 남의 말에 좌지우지 당하기 쉽다. 중년까지는 역경에서 헤어나지를 못한다.

● 상정(上停)이 작은(낮다, 좁다) 사람

① 상정(上停)이 낮고 얼굴 폭이 좁으며 중·하정(中·下停)이 비슷하다

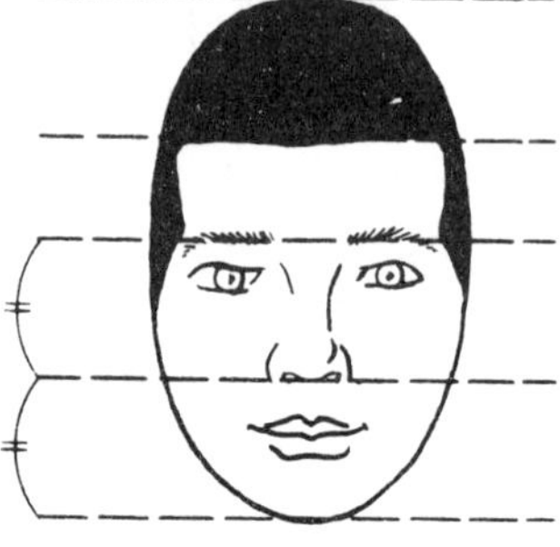

초년운(初年運)이 나쁘나 중년 이후는 안정

② 상정(上停)이 낮고 얼굴은 넓으며 중·하정(中·下停)이 비슷하다

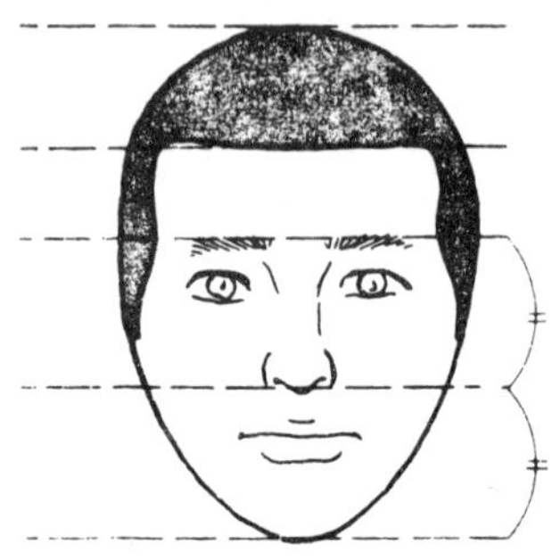

초년·중년·만년 다 같이 운세(運勢)가 좋다

③ 상·하정(上·下停)이 다 같이 작고 중정(中停)이 크다

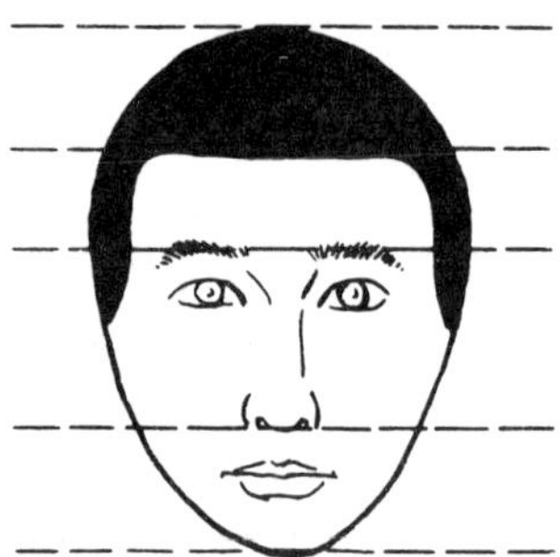

중년에 좋으나 만년운(晩年運)이 약하다

④ 상·하정(上·下停)이 다 같이 작고 하정(下停)이 크다

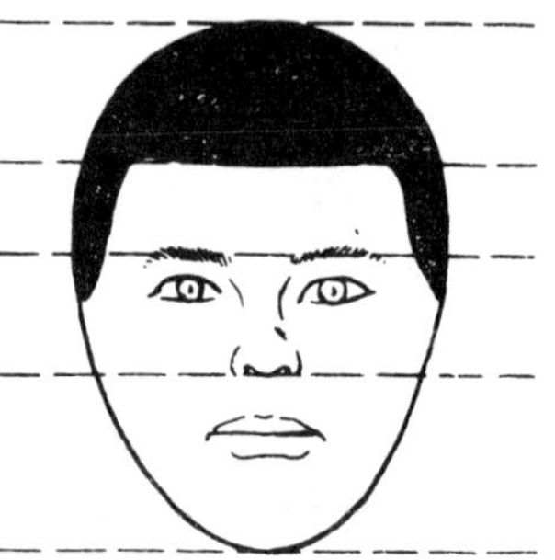

초년, 중년은 나쁘나 만년에 운(運)이 열린다

그러나 만년이 되면, 타고난 애교를 발휘하여 운이 열린다. 열심히 일하고 가정을 소중히 하면 좋은 만년을 맞이하게 될 것이다.

여성은 사랑을 받으며 자손 운을 타고 나서 행복한 가정을 이룩한다.

상정이 큰(높은, 넓은) 사람

① **상정이 높고, 중·하정이 비슷한 사람**: 부모로부터 뛰어난 성질을 이어받고 윗사람의 인도도 받게 된다. 지력(知力)·사물의 판단력 등 모두 뛰어나 있다. 이 멋진 초년운은 그대로 중년 만년으로 이어갈 것이다.

여성은 두뇌도 알맞게 좋으며 한평생 행복한 생활을 보내게 될 것이다.

② **상·중정이 다 같이 크고, 하정이 작은 사람**: 뛰어난 지력과 지식에다 적극적인 성격이 프러스되어 성공과 연결된다. 초년, 중년 다 같이 운은 좋지만 가정적으로는 타고난 운이 별로 없고 만년은 좋지 않다.

여성은 억척같고 사나이들을 능가하는 곳도 있으나 박정하다.

③ **상·하정이 크고 중정이 작은 사람**: 두뇌도 좋고 사람들과의 교제도 능란하다. 초년과 만년은 좋으나 실행력이 결여됨으로 중년운은 별로 좋지 않다.

여성은 사람도 좋고 두뇌도 좋으나 애써 노력한 보람을 거두지 못하는 경향이 있겠다.

자손운이 있다.

④ **상·중·하정이 비슷하고, 폭이 좁은 사람**: 생각이 얕고 윗사람의 인도도 있겠으나 그 덕을 보지 못한다. 그러나 평균운의 소유주이다. 특정한 상사의 기분에 맞는다.

여성은 지나치게 이치를 따지지 않는 점으로 호감을 받게 되고 가정도 원만하다. 남성에게 있어서는 그렇게 좋은 상은 아니다. 그러나 여성에게 있어서는 상상(上相)이라 하겠다.

● 상정이 큰(높은, 넓은) 사람

① 상정(上停)이 높고 중·하정(中·下停)이 비슷하다

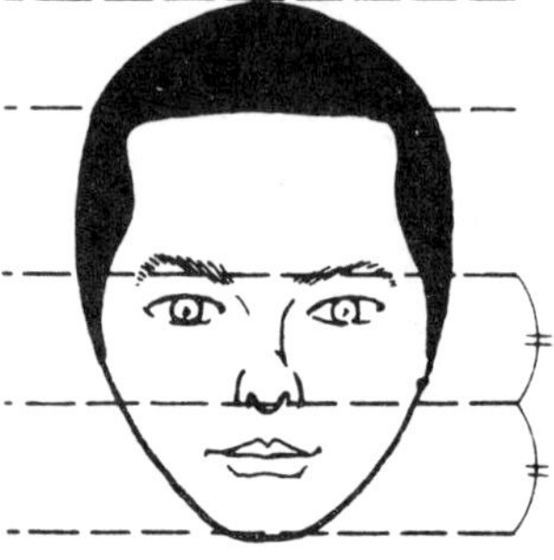

초년 운이 좋고, 중년 만년으로 이어진다.

② 상·중정(上·中停)이 크고 하정(下停)이 작다

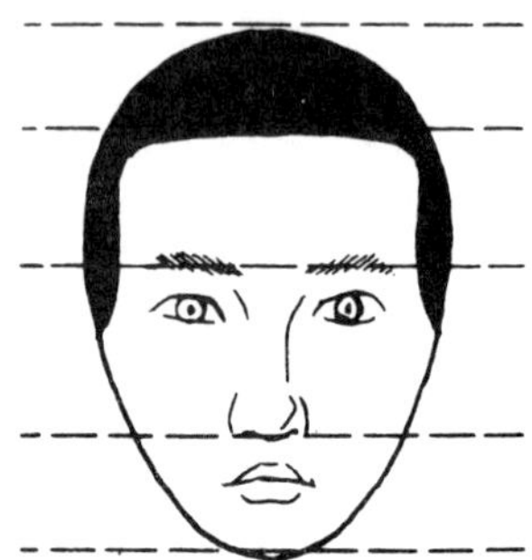

초년, 중년 운은 좋으나, 만년운은 좋지 않다

③ 상·하정(上·下停)이 크고 중정(中停)이 작다

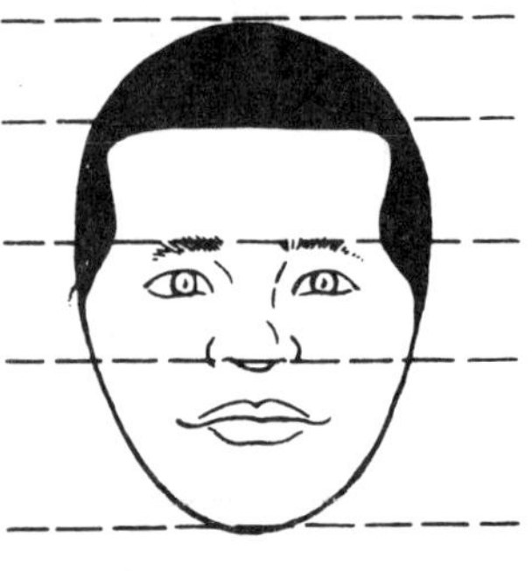

초년 만년 운은 좋으나 중년 운은 좋지 않다

④ 상·중·하정(上·中·下停)이 비슷하고 폭이 좁다

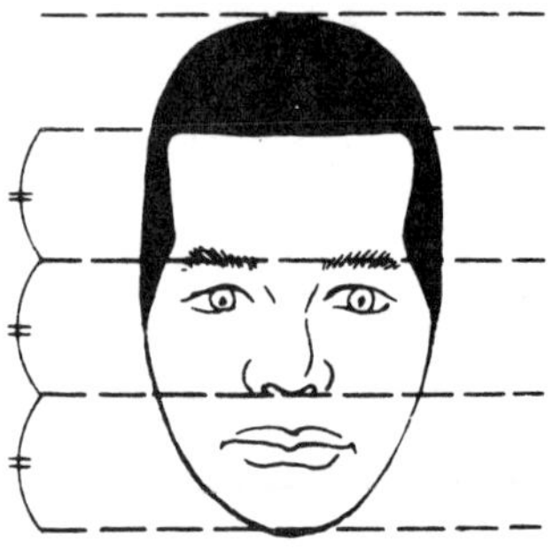

평균적인 운세이나 생각이 천박하다

3장
실천 인상점
(實踐人相占)

이 마(額)

얼굴에 있는 각 기관(器官)—눈썹, 눈, 코, 입, 귀를 총칭하여 인상학(人相學)에서는 오관(五官)이라 한다. 인상(人相)을 보는데 있어서 가장 중요한 대상이 되는 것이다. 본장에서는 이 오관(五官)에 덧붙여 이마, 볼 등 얼굴의 각 부위를 위에서부터 차례로 해설하겠다. 전장(前章)의 삼형질론(三形質論) 삼정론(三停論)이 기본이 된다.

이마와 발애(髮涯)의 표준(標準)

이마는 전장에서 설명한 상정(上停)에 해당한다. 발애(髮涯)에서 턱까지의 길이의 3분의 1이 표준이다. 또 인지(人指)와 중지(中指), 약지(藥指)의 세 손가락이 알맞게 들어가는 길이이며 중지(中指)의 제2관절까지가 표준의 길이이다. 형태 비례의 앞 페이지를 참조할 것.

남녀의 발애의 차이

「여자 이마」「남자 이마」라는 말을 가끔 듣게 될 것이다. 남녀의 발애(髮涯)에 차이가 있는데서 나온 말이다. 이 차이는 참으로 분명하여 인상학(人相學)에서 말하는 현무(玄武)에 의거해서 결정된다.

「남자 이마」는 반드시 현무가 나와 있다.

「여자 이마」는 전체가 둥글게 「curve」를 그리고 있다.

남성으로서 현무가 없는 사람은 활달하지 못하고 지뇌(知腦)의 범위도 좁고 낮은 것으로 본다. 이에 반하여 여성으로서 현무가 발달해 있는 사람은 남성지고 지뇌도 높고 실행형이며 추리 능력도 있다.

※ 발애(髮涯)란 이마의 윗부분 머리털이 난 언저리를 말한다.

● 남녀의 발애(髮涯)의 차이

남성의 발애

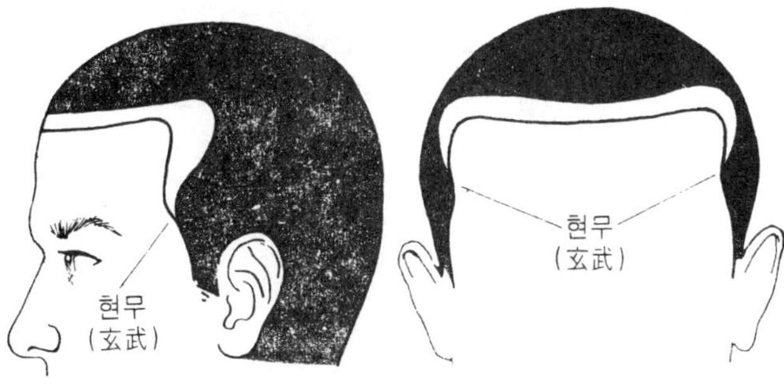

현무(玄武)가 나와 있는 것이 특징

여성의 발애

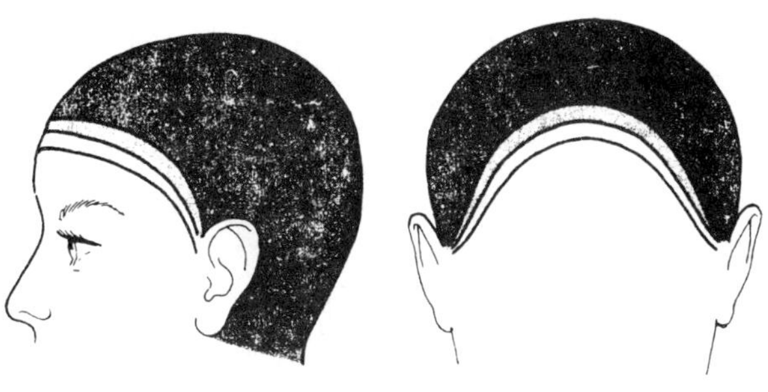

전체가 둥근 curve를 그리고 있다

● 삼형질(三型質)의 발애(髮涯)

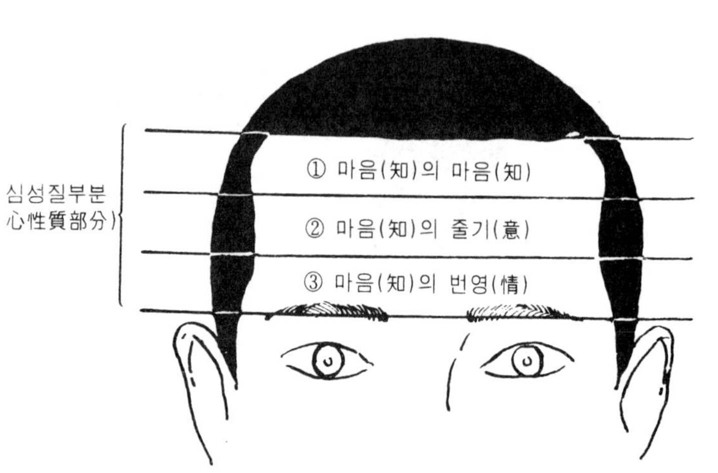

이마 전체는 심성질(心性秩)을 나타내는 부분. 그것을 다시 3등분하여 삼질론(三質論)으로 보면 위에서 심성질 역삼각형－지성(知性)을 나타냄. 근골질 각형－의지를 나타냄. 영양질 둥근형－정애(情愛)를 나타낼 수 있다.

① **마음의 마음**……심성질(心性質)부분 가운 데서 다시 심성질을 나타내는 부분. 앞 그림처럼 역삼각형은 이 부분이 넓다.

② **마음의 줄기**……심성질 중앙부위에 위치하고, 근골질을 나타내는 부분. 여기가 넓으면 사고방식이 현실적이어서 완고해 진다.

③ **마음의 번영**……심성질부분 가운데서 다시 영양질을 나타내는 부분. 여기가 넓으면 정감적(情感的)이며 여성적으로 된다.

● 이마 부분의 삼질론(三質論)－1

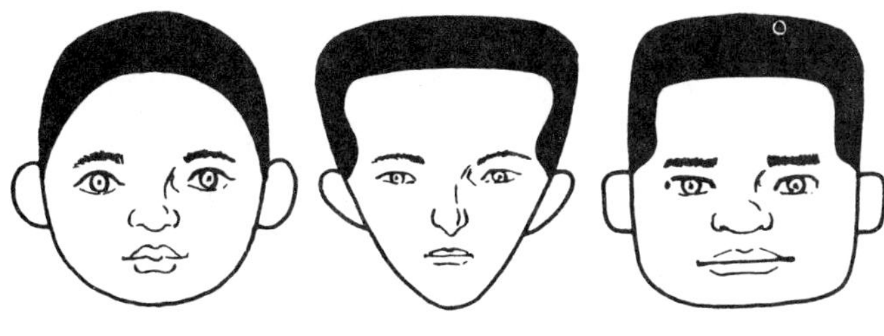

둥근형(丸型)	역삼각형(逆三角型)	각형(角型)
발애(髮涯)도 둥글고 완만한 curve를 그린다	양단이 넓다	가로로 일직선인 발애(髮涯)

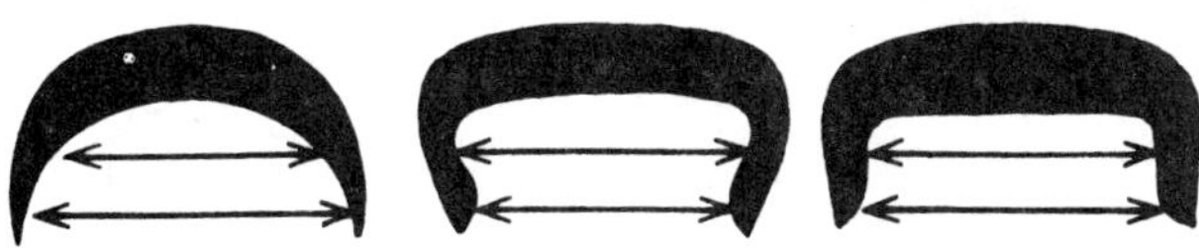

둥근형(丸型)	역삼각형(逆三角型)	각형(角型)
상부가 좁고, 하부쪽으로 내려 갈수록 넓어진다	상부가 넓고, 하부쪽으로 내려 갈수록 좁아진다	상부, 하부가 다 같이 거의 평균한 넓이

● 이마 부분의 삼질론(三質論)－2

상부가 나와 있는 사람

도덕적이고 신앙심이 깊다
또 비교능력, 상거래의 정
도나 상태 진전을 예측하는
능력 등의 이론적 재능이 있다

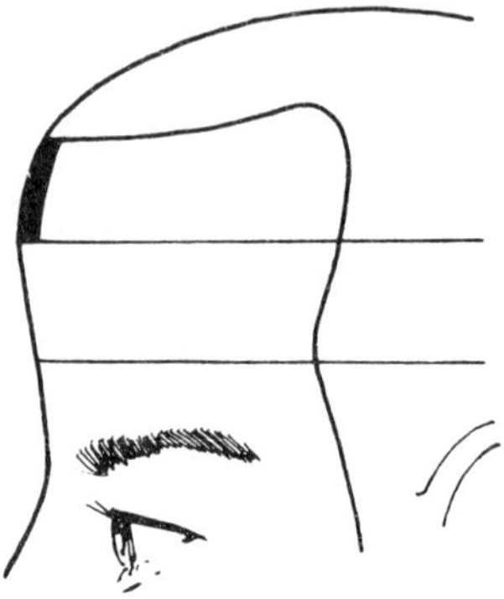

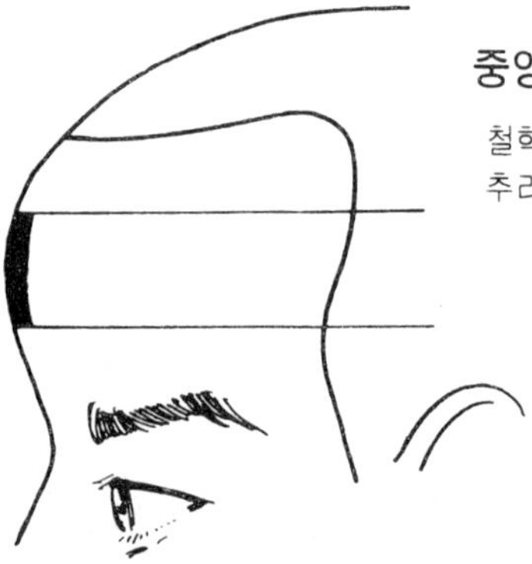

중앙부가 나와 있는 사람

철학적, 운이 강하고 성공하기 쉽다
추리력, 상식, 기억력이 뛰어나다

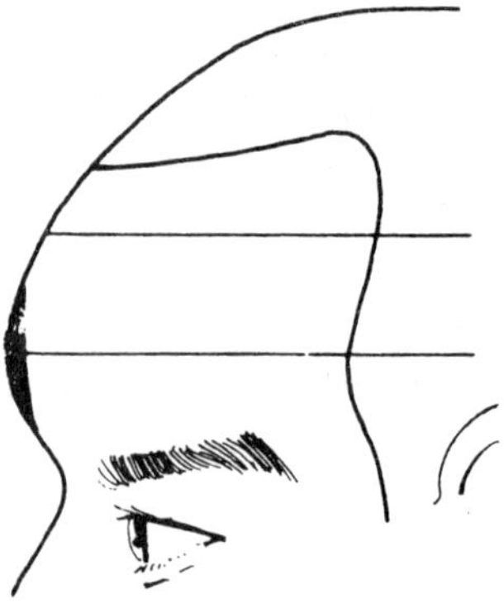

하부가 나와 있는 사람

예술적, 자기의 희망을 스스
로의 노력으로 달성시키는 착
실형. 지각능력, 관찰능력이 우
수하고 기능에도 뛰어나 있다

● 선골(仙骨)

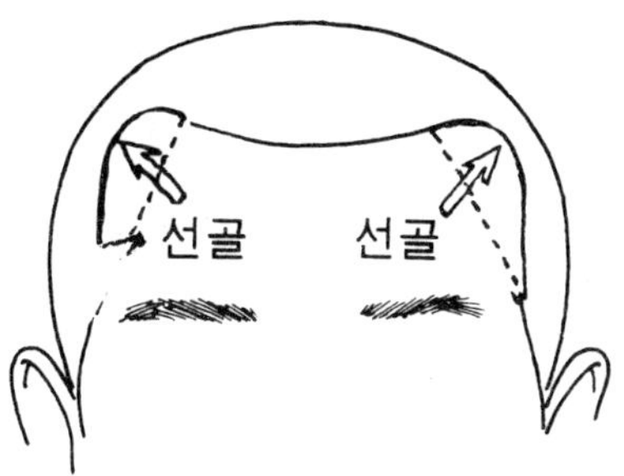

이마의 양단은 선골(仙骨)이라 일컬어지며,.영적(靈的)인 면을 보는 곳. 창조력, 공상력, 사색력 등의 재능을 나타낸다

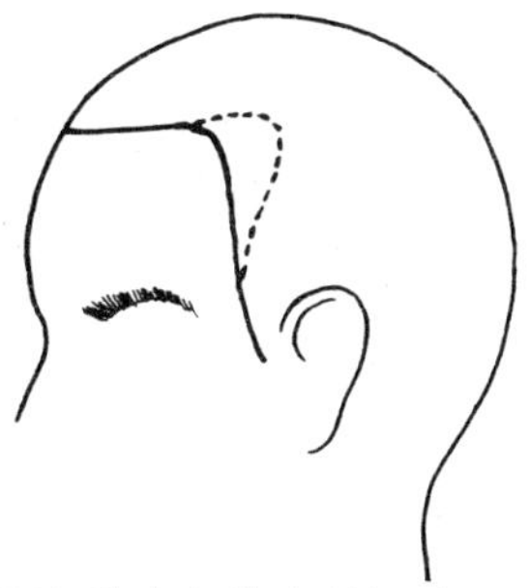

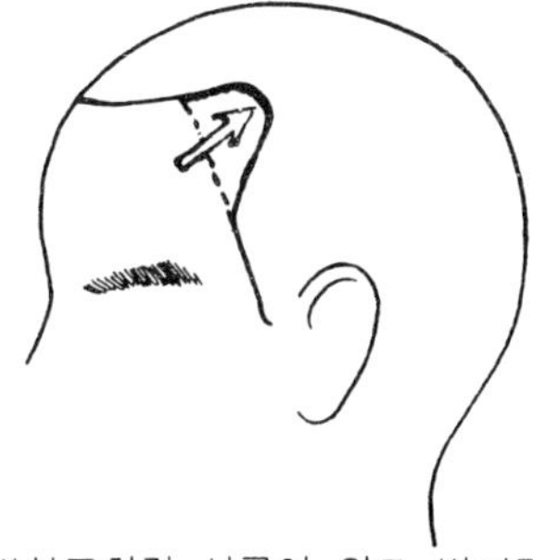

선골이 벗겨져 있지 않는 사람은 학문적이 아니지만 만약 학문으로 입신하려면 조사, 기술방면이나 손재주 등을 살리는 쪽으로 나아가면 좋다

화살표처럼 선골이 위로 벗겨진 사람은 영적인 것이 발달하고 있어서 학문을 좋아하고, 그 방향으로 나아가면 좋다. 철학적 추상적인 것에 남다르다 이 이마로서 미골(眉骨)이 높으면 영감의 소질이 있다

여자이마 1

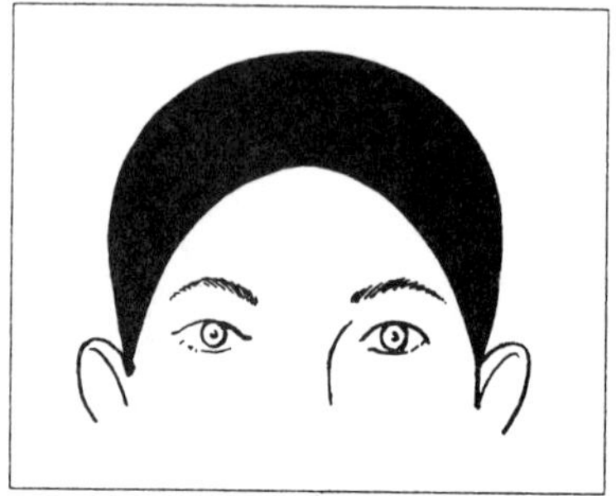

여자 이마의 기본형이다. 가파른 곡선과 낮고 좁은 것이 특징이다. 성격은 유순하고 상냥한 여자다움에 남성들의 호감을 사지만 의지가 약하고 남성으로부터 사랑의 고백을 받으면 냉정하게 생각하기에 앞서 감정에 치우쳐 저도 모르게 수긍해 버리기 쉽다.

남성이라면 사려(思慮)가 얕고 뜨거워지기 쉽고 또 식기 쉬운 성격이다. 감정적으로 흐르기 쉬우며 싫증을 일으키기 쉬운 까닭에 일도 도중에 던져버리기 일쑤이다.

여자이마 2

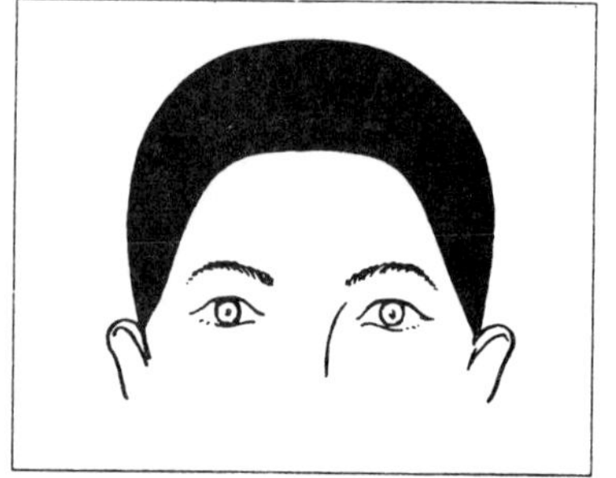

여성의 기본상에서 약간 남성형으로 기울고 있는 모양이다. (1)과 비교하면 옆폭이 넓고 이마도 약간 높은 편이다.

이마가 넓어짐에 따라 세상을 보는 눈이 넓고 사교성이 강해진다. 감정도 자제할 수 있게 된다.

「여자 이마」 가운데서도 중용의 위치에 있는 것이며 오늘날 여성에게도 적극성이 요구되고 있음에 비추어 「여자 이마」의 이상적인 모양이라 해도 무방할 것이다.

여성적인 부드러움과 생활력이 잘 조화된 좋은 이마이다.

여자 이마 3

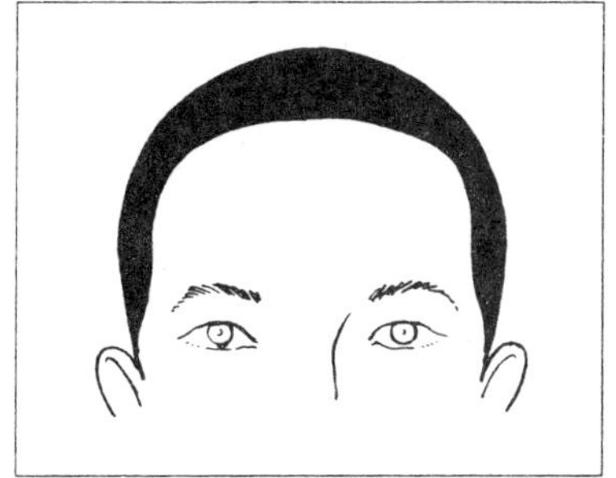

더욱 남성형으로 기울은 모양이고 여성형의 한계이다. 옆으로 보더라도 짱구형이다. 이지적으로 보이며 슬기롭고 총명하다. 생각이 깊고 신중하며 실패도 적을 것이다.

다만 약간 귀염성이 모자란다. 남성과의 교제도 대등하며 화제도 풍부하여 서로 의견을 교환하는 등의 지적인 교제를 통하여 연애관계로 진전할 수 있다. 또 그런 경우에 상대를 선택하는 능력도 있다. 그러나 지나치면 여성다움이 없어짐으로 조심할 일이다.

남자 이마 1

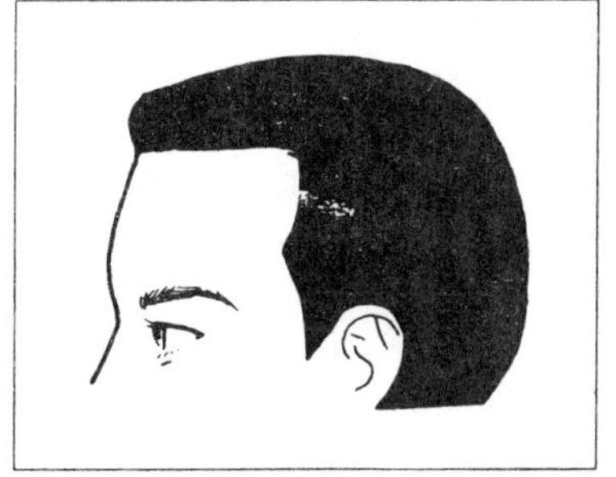

남자 이마의 기본형이다. 옆에서 보면 상부가 일직선이고 현무가 뚜렷하게 돋보인다. 남성적이며 현실적이고 서슴없이 능란한 솜씨로 일을 처리해 나가는 이론적이기보다 실천형이다. 성격은 적극적이며 쾌활하다.

여성으로서 이러한 이마의 소유주라면 속된 말로 성격이 남성답고 실천형이며 여걸형이다.

다음 (2)의 이마에 기울어짐에 따라서 지적 능력도 높아지고 생각하는 시간도 길어지게 된다.

남자 이마 2

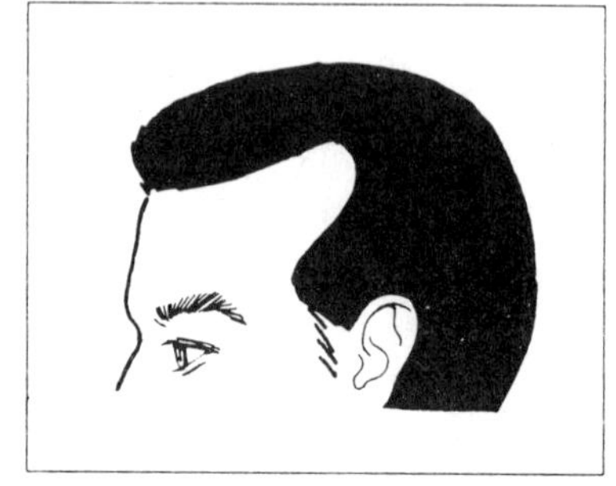

남자 이마의 기본형에서 나이와 더불어 벗겨져 오른형이다. 벗겨지는 모양에도 여러가지가 있으나 이 형이 가장 이상적이다. 나이가 들어감에 따라 사려(思慮)가 깊어지고, 경솔한 행동을 하지않게된다.

두뇌도 명석하고 독창력이 있으며 재능도 풍부하다.

난점은 약간 이치를 따지는 경향이 있는데 그것이 지나치면 사람들로부터 경원시(敬遠視)된다.

여성에게는 거의 찾아 볼 수 없는 모양의 얼굴이다.

산봉우리 이마 1

일반적으로 산봉우리형인 이마의 사람은 지적이기 보다 정(情)적이고 따라서 애정 선행형(先行型)으로서 여성에게 많다. 발애(髮涯)가 삼각산처럼 세모꼴이므로 이마의 상부가 좁아지기 때문이다.

오른쪽 그림은 발애의 중앙부에 아래로 처져내린 곳이 있는 이마이다. 이같이 머리털이 아래로 처져내리면 정신적으로 저항심이 있다는 표징이다. 저쪽을 보고 있으라고 하면 고집을 부려 언제까지나 향하고 있는 그런 사람이다.

산봉우리 이마 2

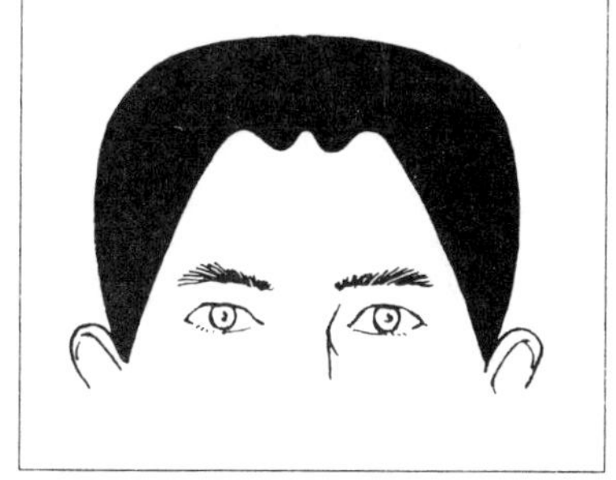

산봉우리 이마의 대표형이다.

(1)에 비하여 발애(髮涯)의 중앙부의 아래로 처진 곳이 톱니처럼 2~3개나 있는 이마이다. 아래로 처진 모양은 내적, 정신적인 저항심을 나타내지만 (2)처럼 되어 있는 것이면 더욱 그러한 성격이 강하다고 본다.

일단 어떻게 하기로 결정하면 바꾸지 않는 성격이다.

정신적으로 강한데가 있으므로 성격이 좋은 방향으로 흐르면 어떠한 역경에 빠져들지라도 굽히지 않고 버틸수 있는 사람이다.

남자 이마로서 아래로 처진 형 1

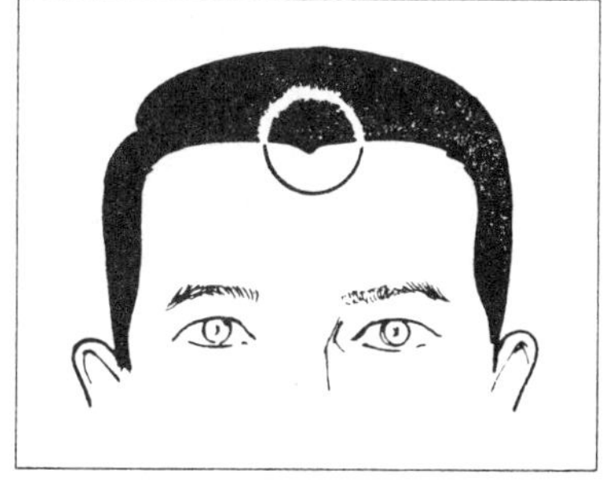

남자 이마(발애의 상부가 수평에 가깝다)의 발애(髮涯) 중앙부에 세모꼴로 머리털이 한 곳만 처져 나있는 이마이다. 그런데 그 세모꼴이 지나치게 큰 것은 의미가 달라진다.

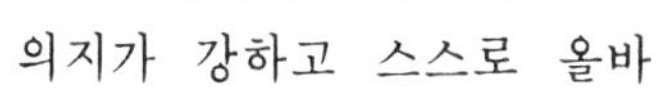

의지가 강하고 스스로 올바르다고 생각한 것을 굽히지 않는 강함이 있고 완고하다. 어떤 의미로는 반골(反骨)이라 할 수 있다. 성공형인 이마의 하나로서 좋은 쪽으로 향하면 실천형의 성격과 부합되어서 맡은 일들을 완성시켜 나갈 것이다. 지나치게 고집을 앞세우지 않도록 조심할것.

남자 이마로서 아래로 처진형 2

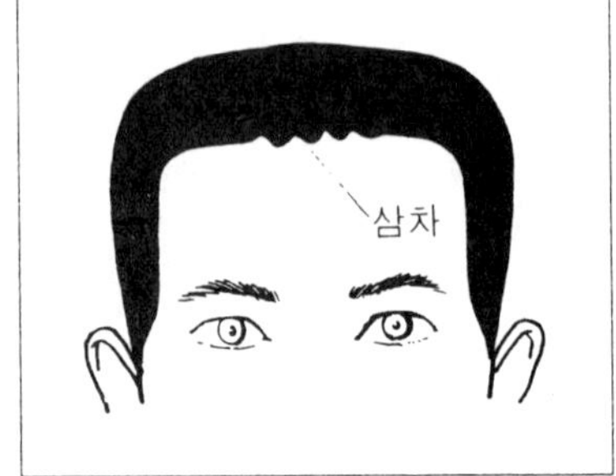

남자 이마의 발애(髮涯) 중앙에 톱니 모양으로 몇 개나 머리털이 아래로 처져서 나 있는 것을 인상학에서는 삼차(參差)라 부른다. 산모양의 수가 많을수록 반항심이 강해진다.

무슨 말을 하면 반드시 거꾸로 받아 들이는 청개구리 성격이다. 상대가 윗사람일지라도 구애되지 아니하고 반항한다.

고집이 세서 손해를 자초하기 쉬운 사람이다.

좋은 상사를 만나면 마음껏 힘을 발휘할 수 있다.

농밀(濃密)한 발애(髮涯)

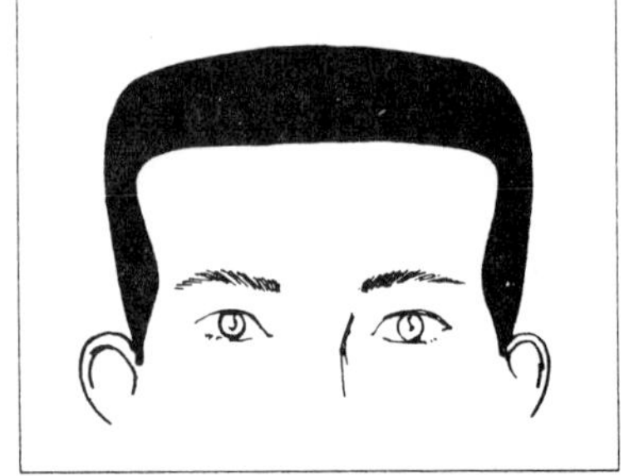

발애(髮涯)에 잔털이 없고, 갑자기 농밀한 털로 이마와 경계를 이루고 있기 때문에, 발애가 뚜렷한 이마이다. 이와 같이 뚜렷한 발애를 인상학에서는 『발애가 두터운 사람』이라 호칭한다. 남자 이마 여자 이마 등에 관계 없이 어떤 모양의 발애에도 공통하다고 할 수 있다.

전체적으로 운이 약하고 윗사람과의 마음이 통하지 않는다. 그러므로 인도해 줄 사람도 적은 사람이다.

이 발애로서 머리털의 색깔이 칠흙같으면 더욱 운세가 나쁘다.

엉성한 발애(髮涯)

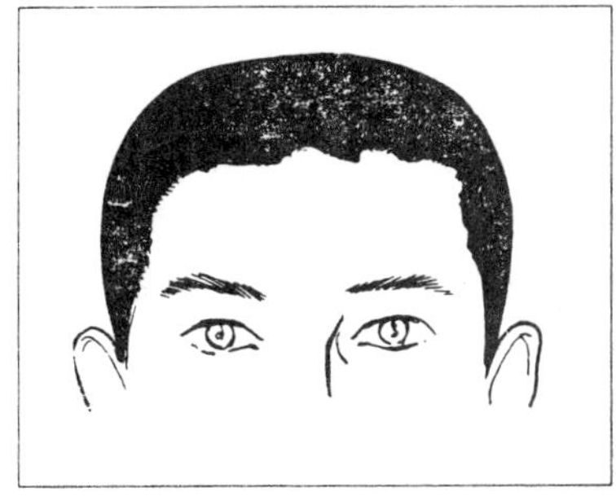

머리털은 나이와 더불어 자연히 엷어지고 빠지게 되는 것이 보통이다.

언제까지나 빠지지 않고 발애가 두터운(농밀한) 사람은 운이 열리지 않는다. 자식들도 의지할 처지가 못되고 줄곧 일하지 않으면 안된다. 빠지지 않는다고 해서 젊음을 지니게 된다고 기뻐할 것도 없다.

발애가 엉성하게 빠지는 사람은 윗사람과의 화합이 잘 이루어지지 않는다. 이루지 못할 이상을 헛 쫓는데서 운세가 약하게 된다.

너무 빠진 형

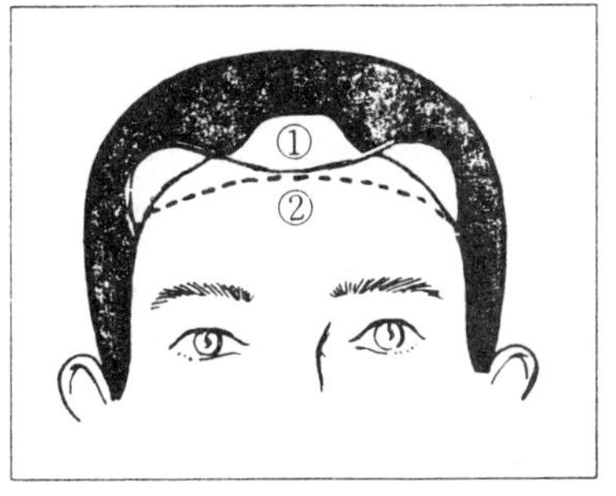

머리털이 빠지는 모양에도 여러 가지가 있다. 앞서 말한 것도 빠지는 형의 일종이다.

오른쪽 그림의 ①은 중앙부가 벗겨져 올라간 모양이다. 인상학으로는 비천(卑賤)한 상이라 호칭하며 잘 벗겨지지 못한 것으로 판단한다. 사고력은 미약하고 현실적인 사람이라 할 수 있다.

②는 발애의 양단이 벗겨져 오른 모양이다. 남성은 35세 쯤부터는 양단이 벗겨져 오르는데 비하여 때늦게 중앙이 벗겨지는 사람은 운도 좋고 윗사람의 인도가 있겠다.

눈 썹(眉)

눈썹은 선천적인 유전(遺傳)의 양부(良否)와 성격 및 그때그때의 정신상태를 나타내는 것이다. 또 형제난 친척과의 인연 재운(財運)이나 건강운을 보는 곳이다.

눈썹을 판단 하는데는 다음 다섯 가지 기준이 있다.

① 모양…선천적인 성격 후천적인 성격과 운세
② 폭…굵고 가는가에 따라 선·후천적 운세, 성격
③ 색…농담에 따라서 선·후천적 건강운, 정신 상태
④ 눈썹털의 조밀…현재의 성격과 정신 상태
⑤ 미궁(眉宮)…선천적인 성격 및 운세

눈썹의 표준(標準)

눈의 길이보다 조금 길고 눈썹 머리(眉頭)보다 눈썹 꼬리(眉頭)쪽이 조금 긴 것이 표준이다. 눈썹의 굵기는 짧거나 길다고 생각하지 않은 보통의 알맞은 길이가 표준이다. 그러나 눈이나 얼굴 생김새의 크기에 따라 그것도 일정하지가 않다.

표준은 모두 길상(吉相)으로 보는 것이다.

또 눈썹의 털은 적당한 굵기에 고르게 난 것이 길상이다. 길상이면 형제연(兄弟緣), 재운(財運)도 좋고 정감(情感)이 풍부한 성격이다.

남녀 눈썹의 차이(差異)

남성의 눈썹은 폭이 약간 굵고 여성은 약간 가느다란 것이 보통이다.

또 모양으로 말하면 남성의 눈썹은 curve가 둔하여 직선형에 가깝고 여성의 눈썹은 미려한 curve를 그리게 된다.

● 눈썹의 명칭(名稱)과 표준(標準)

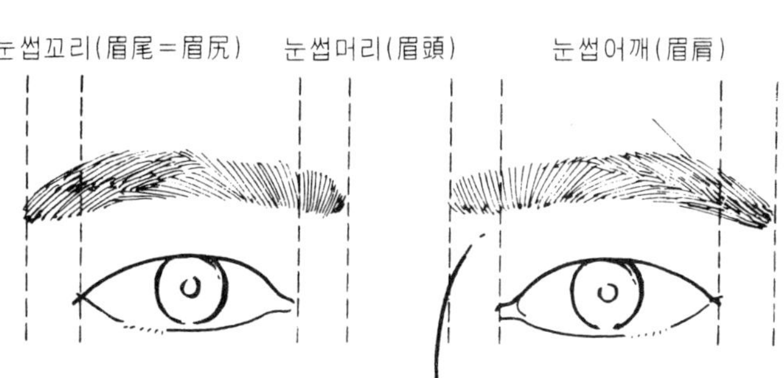

그림은 남성 눈썹의 표준으로써, 여성인 경우는 이보다 조금 더 curve가 급하다. 일반적으로 미려(美麗)한 눈썹털의 자라남과 굵기가 알맞고 연한 것을 말한다. 눈썹이 미려한 사람은 형제연, 재운도 좋고 정감(情感)이 풍부하다

● 눈썹의 굵기와 모양

남성적인 모양의 눈썹

curve가 둔하다
직선에 가깝다

여성적인 모양의 눈썹

깨끗한 curve를 그린다

● 눈썹의 나이에 따른 변화

어린이는 어린 아이의 얼굴, 어른은 어른의 얼굴, 노인은 노인의 얼굴을 하고 있다. 얼굴은 나이와 더불어 변화해 가는 것이다. 눈썹·눈·코 등도 나이에 따라 변화하는 것이다. 다시 말하면 나이에 따른 표준의 모양이 있다는 것이 된다. 어떤 나이 때에 어떠한 얼굴이나 눈썹의 상태를 지니고 있는가에 따라서 성격이나 운세를 판단할 수 있는 것이다.

어린 아이의 눈썹

눈썹머리가 굵고 아래쪽이 직선인 세모꼴이다. 눈썹과 눈썹의 사이가 좁다

어른의 눈썹

굵기는 각 부분이 다 같이 평균적이다. 눈썹과 눈썹 사이가 넓어져 있다

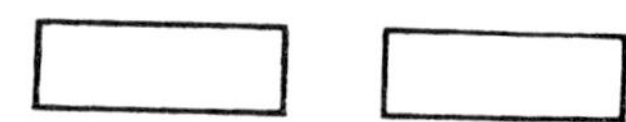

노인의 눈썹

눈썹꼬리가 굵어지고 윗부분이 직선의 세모꼴이다. 눈썹과 눈썹의 사이는 보다 넓어진다

한 마디의 점(一言占)

어른(성인)으로서 어린 아이처럼 눈썹 머리가 굵은 사람은 생각하는 법이 천박하고 독선적인 성격이다.

● 삼형질(三形秩)의 눈썹

심성질(心性質)	영양질(營養質)	근골질(筋骨質)

초생달형으로서 가늘고 부드러우며 얇다. 신경과민이며 침착하지 못하다. 형제운, 재운 모두 보통이다.	반달형으로서 근골질보다도 약간 가늘고 털도 진하지 않다. 원만, 유화하며, 형제운, 재운이 좋다.	한일자(一)형이고 굵으며, 눈썹이 진하고 억세다. 강한 성질을 지니고 있으며, 단기(短氣) 열중형으로 용기가 있다. 노력에 따라서 사회운이 열린다.

● 눈썹 부분의 삼질론(三質論)-1

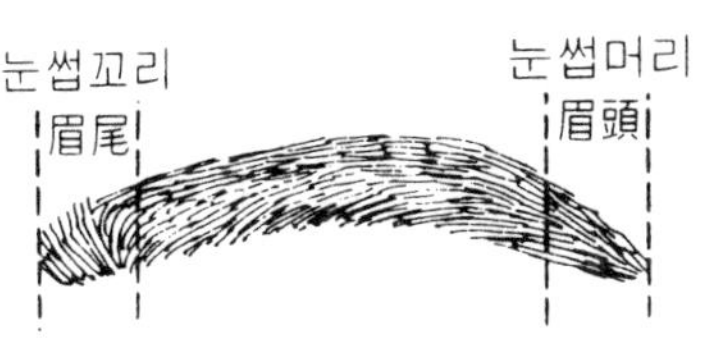

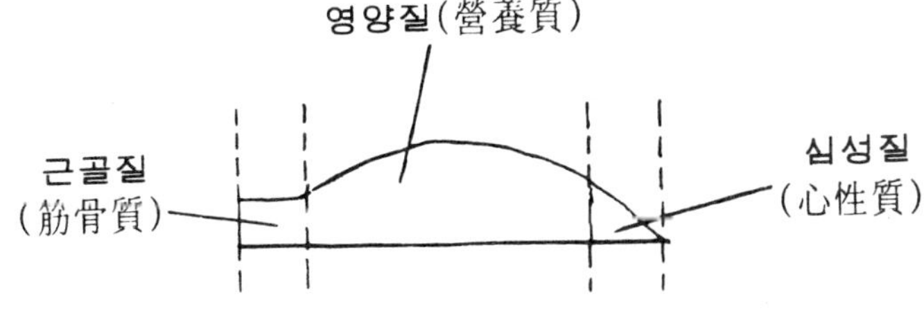

● 눈썹 부분의 삼질론(三質論)-2

심성질 부분
(心性質部分)

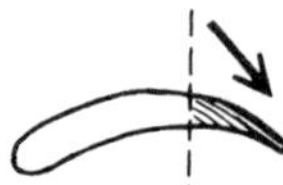

눈썹꼬리(眉尾)…털은 약간 강한 커브를 그리며 아래로 흐르지만 기세가 약하다. 심성질(心性質)이 강한 사람의 눈썹은, 눈썹꼬리(眉尾)를 그대로 연장한 것같은 초생달형으로 된다.

영양질 부분
(營養質部分)

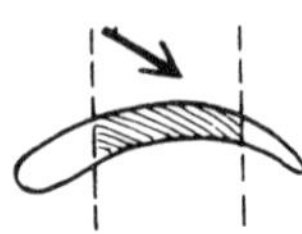

눈썹머리(眉尾)와 눈썹꼬리(眉尾)와의 사이…털은 느슨하게 아래로 흐른다. 영양질이 강한 사람의 눈썹은 이 부분을 좌우로 연장한 것 같은 반달형으로 된다.

근골질 부분
(筋骨質部分)

눈썹머리(眉頭)…털은 역립(逆立)하여 기세가 있다. 근골질이 강한 사람의 눈썹은 눈썹머리(眉頭)를 그대로 연장한 것 같은 한일자(一)형으로 된다.

● 눈썹뼈(眉骨)의 높이

눈썹뼈가 낮은 사람은 직관력이 뒤떨어지지만 사색적인 취향이 강하고, 철학적인 것을 좋아한다. 경쟁심이 약한 탓으로 싸움에도 약하다

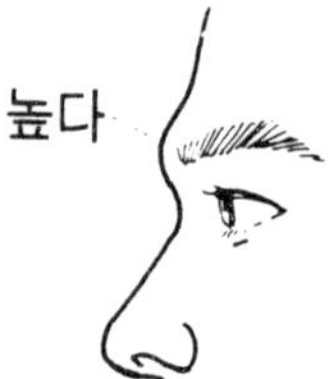

눈썹뼈가 높은 사람은 용기가 있고, 일에 열중하는 형으로서 남에게 지기를 싫어하는 성미이다. 직관력이 예민함으로 경리면에 강하여 일견(一見)해서 부정를 꿰뚫어 보는 날카로움을 지니고 있다. 특히 눈썹뼈의 위쪽 두덩이 솟아 있는 사람은 만사에 운세가 강하다

● 삼정론(三停論)과 눈썹

상정(上停)과 중정(中停)과의 경계는 명궁(命宮)이 중심으로서 표준적인 눈썹으로는, 경계선이 거의 눈썹의 중심선과 겹친다

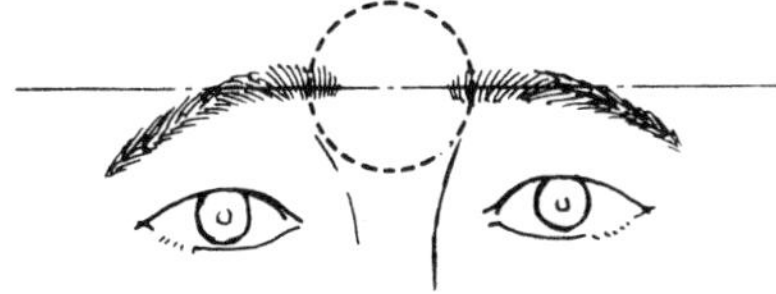

아래로 처진 눈썹은 결과적으로 상정(上停)이 넓은 것과 같은 것이 되어 인정(人情)이 두텁다

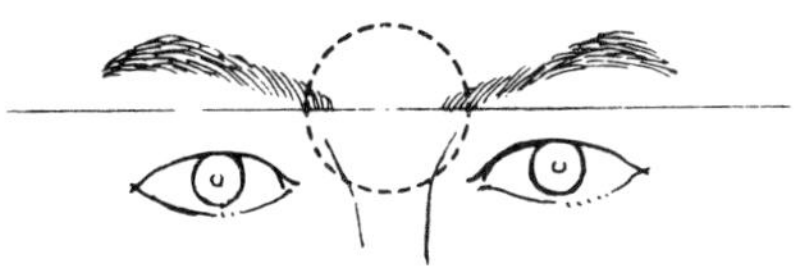

위로 치켜 오른 눈썹은 결과적으로 상정(上停)이 좁은 것과 같은 것이 되어 인정(人情)이 박하다

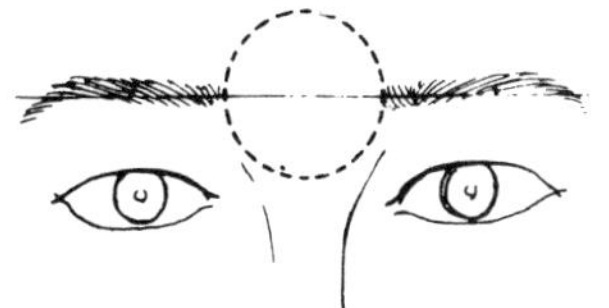

눈썹과 눈의 사이가 넓은 경우 결과적으로 상정(上停)이 좁아지게 된다

눈썹과 눈의 사이가 좁은 경우, 결과적으로 상정(上停)이 넓어지게 된다

굵은 눈썹 (1) - 굵고 진한 눈썹

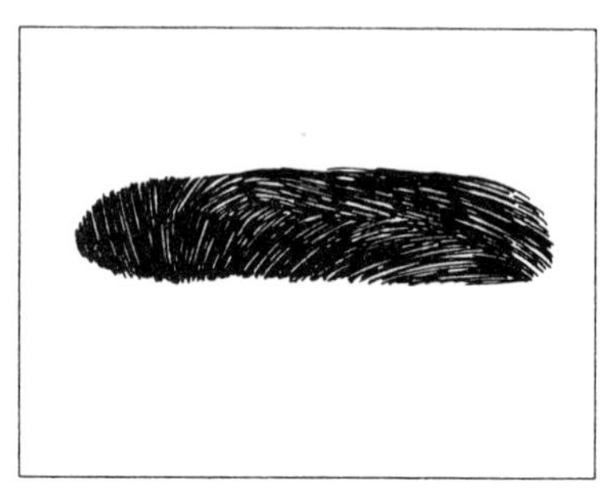

지나치면 미치지 못함과 같지 못하다는 것처럼 너무 지나치게 굵은 눈썹은 성미가 너무 강해서 자기 주장이 지나치게 된다.

학구(學究), 학문적인 것을 볼 수 없고 고집불통형이어서 형제나 친구들과 잘 사귀지를 못한다. 일단은 성공하지만 눈썹털의 가지런히 나 있는 것이 조건이다.

수명은 보통이나 급사형(急死型)이다. 40세 전후에 운세의 파탄이 있겠다. 셈이 많고 앞뒤를 잘 재는 성격으로 믿음직하나 거칠다.

굵은 눈썹 (2) - 굵고 엉성한 눈썹

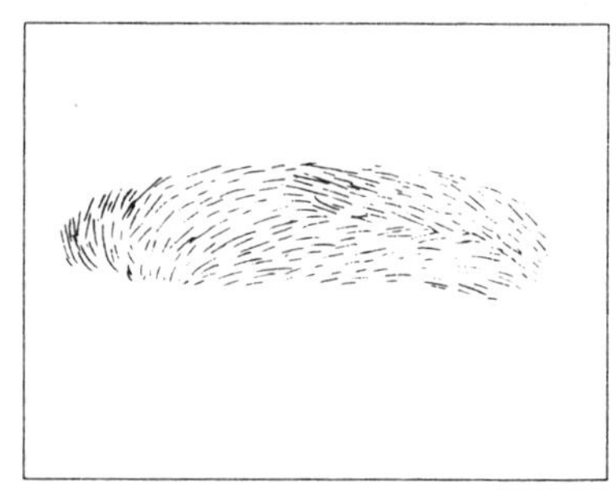

눈썹의 엷어짐에 따라서 (1) 보다도 형제 친척 관계가좋지만 서로 힘이 되지는 않는다.

연인 관계로 말하면 고집불통이 두드러지기도 하지만 거꾸로 이쪽이 강하면 이외로 약해지기도 한다. 어느 쪽이 주도권을 잡느냐가 성패의 열쇠가 된다고 하겠다.

여성으로서 이와 같은 눈썹인 사람은 여자다움이 적어서 결혼할지라도 내주장 천하가 되겠다.

굵은 눈썹 (3) — 압안(壓眼)

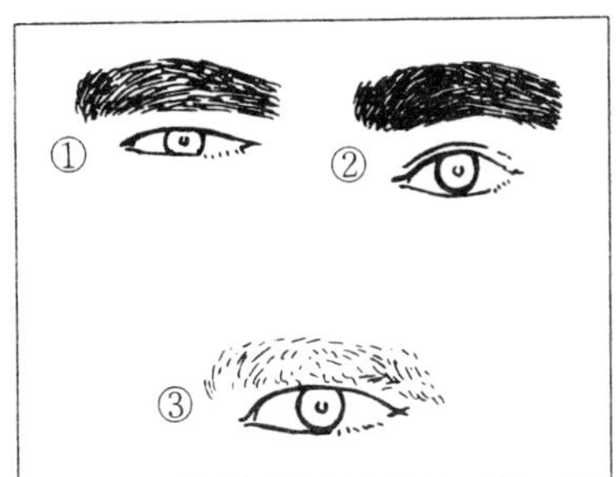

눈썹 자체가 굵을 뿐 아니라 눈과 비교하여 유달리 눈썹이 돋보이는 상을 인상학에서는 「압안(壓眼)」이라 한다. 압안이 되는 이유로서는 ① 눈이 작기 때문에 눈썹이 더 크게 보인다. ② 눈과 눈썹의 사이가 좁은 까닭에 눈이 가려진 듯이 보인다. ③ 눈썹 털이 길어서 눈을 덮은 듯이 보인다는 세 가지를 생각할 수 있다.

인상을 보는 법으로서는 앞 (1)의 굵고 진한 눈썹은 강조한 것으로 볼 수 있다. 자기 주장이 강하고 독선적이지만 한 가지 특출한 기예(技藝)를 지니고 있다.

가느다란 눈썹

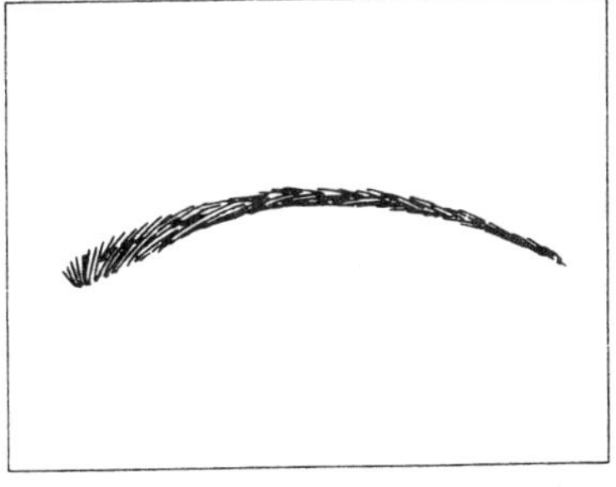

피동적인 형의 성격으로서 여성의 기본상(基本相)이라 할 수 있다. 남성으로서 이같은 눈썹이라면 무슨 일에나 소극적이고 실행력이 결여된 것으로 본다.

여성인 경우는 정감도 있으나 변덕이 있는 것으로 본다.

가느다란 눈썹으로 털의 감촉이 부드러운 사람은 눈치가 빠른 사람으로서 육친(肉親)이나 친구들과도 잘 화합이 된다.

농밀(濃密)한 눈썹

눈썹의 털이 밀생(密生)하여 있고 털의 색깔도 검고 눈썹의 바탕이 보이지 않는 형이다. 일반적으로 농밀하다는 것은 적극성과 행동성을 나타낸다. 남성으로서 이 같은 눈썹이라면 사나이답고 실천형이다. 우두머리형이어서 남을 잘 돌봐주는 사람이다. 형제연도 좋겠다. 운도 강하고 독립하여 성공할 수 있다고 본다. 다만, 이성(異性)에 대한 관심이 강하고 끊임없이 여성들을 의식하게 된다.

여성이라면 정이 깊고 정열가이다. 섹스도 강하고 능동적인 성향이라 할 수 있다.

엷은 눈썹

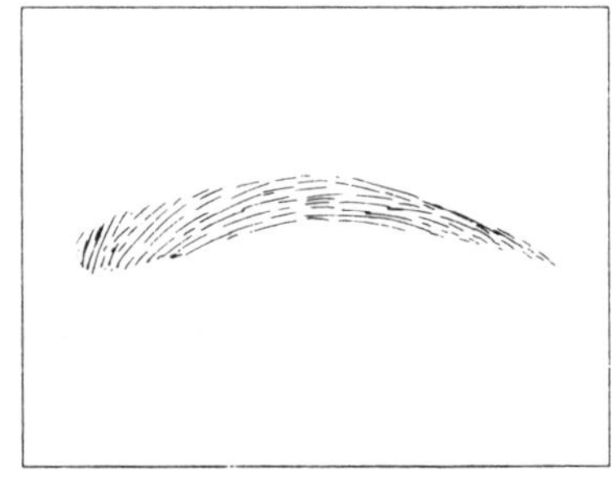

털이 적고 색깔도 희미하고 눈썹의 바탕도 들여다 보이는 형이다. 지도성이 결여되어 있고 역량(力量)도 부족한 탓으로 남의 위에 서기가 힘들다. 형제 등 가까운 혈연도 귀한 고독상(孤獨相)이다.

전체적으로 소극적이며 우유부단한 성격이다. 남성으로서 이같은 눈썹이라면 성격이 약하고 남에게 의지하기 쉬운 사람이다.

긴 눈썹

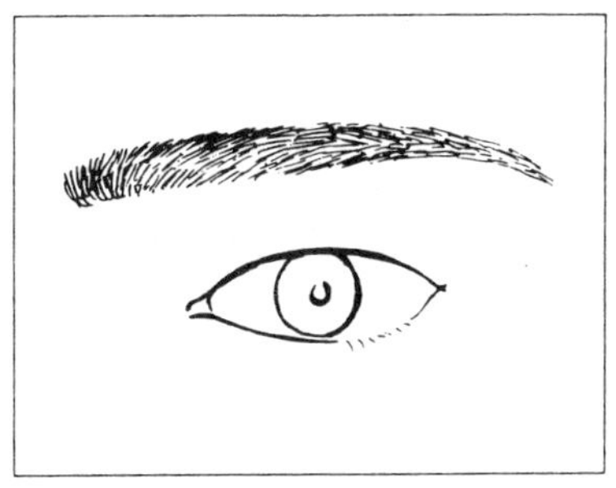

장수상(長壽相)의 하나이다. 지나치게 길면 여난(女難)의 상이라 본다. 제법 욕심이 많는 편이다.

남성으로서 이같은 눈썹이라면 건강운이 좋고 성격도 온화하고 조용한 성격이다. 그래서 우아함을 느끼게 한다. 외동 아들에게 많은 눈썹이다. 연인이 이 눈썹을 하고 있다면 정이 많고 친절하며 온화한 성격이지만 금전면에서 성가신데가 있겠다. 여성이라면 성격도 유순하고 누구에게서나 사랑을 받을 수 있는 형이다. 그녀가 이 눈썹이라면 육친과의 인연이 깊은 까닭에 결혼 하더라도 곧 친정으로 가고 싶어 한다.

짧은 눈썹

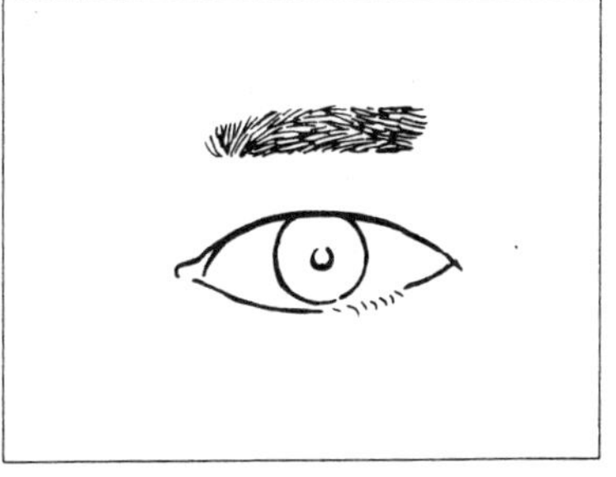

고독상의 하나로서 부모 형제와 떨어져 사는 사람이다. 성미가 급하고 말이 많다. 성격은 거칠고 일을 깊이 생각하는 것이 고역이다. 눈썹이 짧고 엷은 사람은 이성에 관심이 깊다.

남성으로서 이같은 눈썹이라면 격정가(激情家)로서 입보다 손이 앞서나오는 사람이다. 여성이라면 형제 연이 박약하고 독신주의의 사람에게 많은 인상(人相)이다.

일자형(一字型) 눈썹 (1)

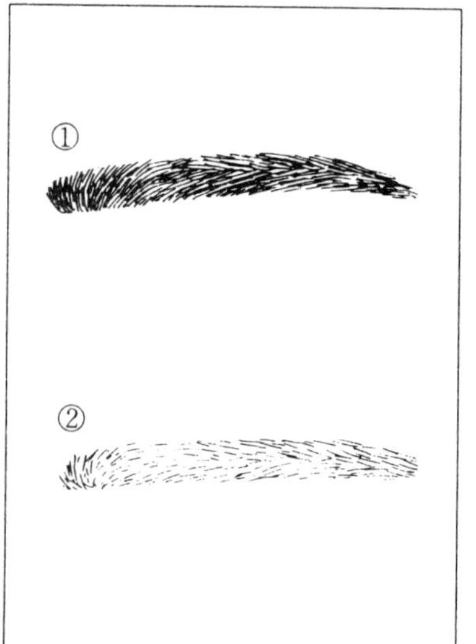

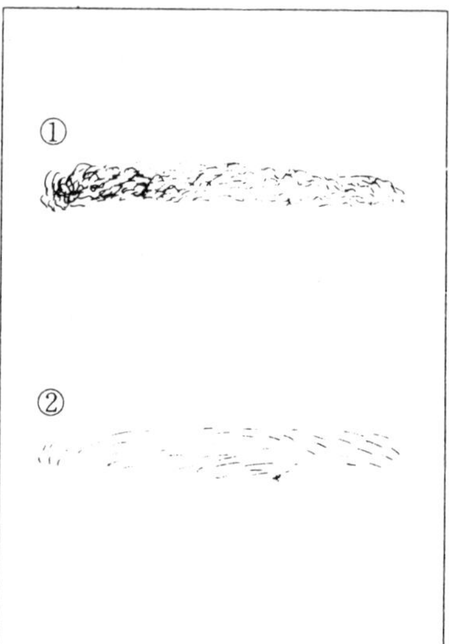

근골질(각형)의 대표적인 눈썹이다. 남녀 다 함께 강한 성격이어서 일을 처리해 나가는 능력이 뛰어나고, 수명이 길며 육친과의 연분도 깊겠지만 자기 스스로가 이를 깨뜨리는 바가 있다. ②처럼 눈썹 털이 거친 한일(一)자 눈썹은 성미가 급하며, 실천형이지만 깊은 사려에 결여되어 있음이 약점이다.

일자형(一字型) 눈썹 (2)

①처럼 눈썹머리(眉頭)가 말려 있거나 역모(逆毛)가 촘촘한 일자형 눈썹인 사람은 반항심이 강하다고 본다. 윗사람에게 반항하며 제멋데로 살게 될 것이다. ②처럼 생긴 일자형 눈썹이면, 강한 성미가 중도에 좌절되기 쉽고 끝장을 보지 못하는 끈기 부족한 성격이다.

처진 눈썹

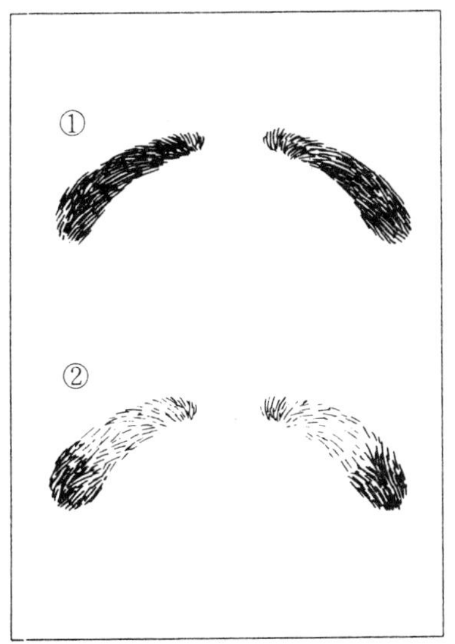

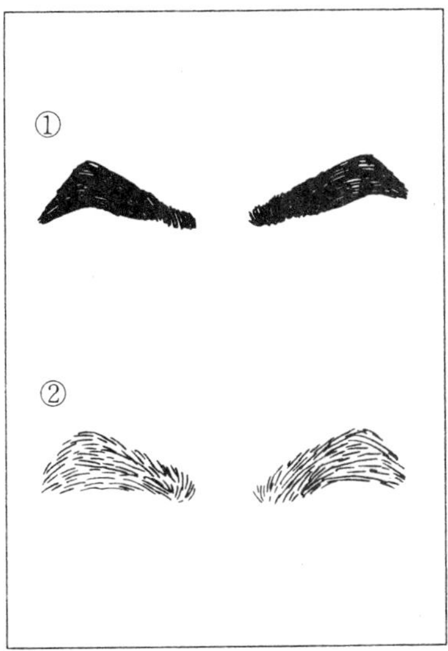

호인이고 누구에게도 친절하지만 수동형의 성격이다. 분위기에 약하고 특히, 여성은 무드에 저도 모르게 사랑에 빠져버리고 만다.

②처럼 눈썹 꼬리가 뚜렷하게 진한 형은 셈이 빠르고 넘어져도 그냥 일어나지 않는다. 정계나 재계에서 성공을 거두게 될 것이다.

치켜오른 눈썹

정열가로 고집이 지나칠 정도의 성격이다. 의지력, 결단력 모두 남다르다. 계획성도 경리 감각도 있지만 성큼 행동으로 옮기기 때문에 운을 놓치는 경향이 있다. 자기 주장을 삼가할 것.

②처럼 털이 세면(剛毛) 고집이 있게 마련이다. 사고에 부딪치기 쉬운 상이므로 조심이 필요하다.

토막 눈썹

곳곳이 성겨져 있거나, 빠져 있는 눈썹이다. 성격은 거칠고 품위가 없거나 변덕이 있어서 한 말도 쉽게 달라지는 형이다. 사고력이 산만하고 진실된 말이 부족하다.

②처럼 토막토막 잘려 있어서 물결처럼 출렁거려 있는 눈썹이라면 겉과 속이 다른 사람이지만 실천력은 있다.

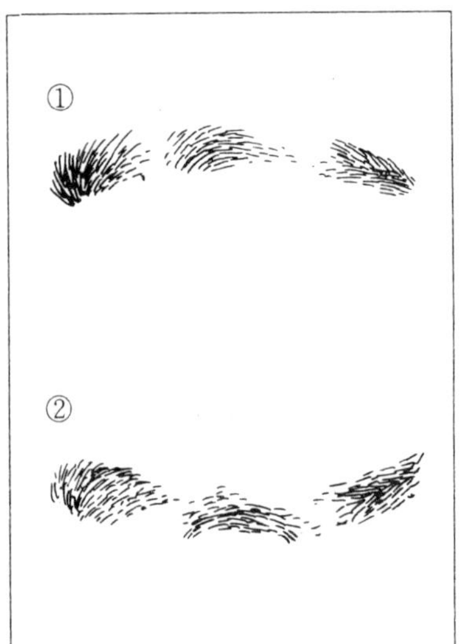

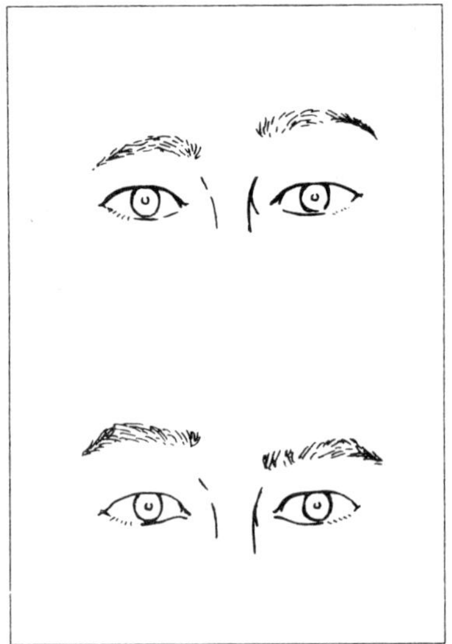

가지런하지 못한 눈썹

좌우의 눈썹 높이가 가지런하지 못하고 어느 쪽이건 높아져서 균형이 잡히지 않는 눈썹이다. 가정 환경이 복잡한 사람이 많고 이부모(異父母)의 형제가 있을 수도 있겠다.

성격은 진실성이 부족하고 운세는 변화가 많다.

눈(目)

관상 중에서 가장 어려운 것이 눈이라 일컬어지고 있다. 눈의 표정은 언어 이상의 것을 상대에게 전하기도 하며 그때 그때의 마음의 움직임 감정을 순간적으로 나타내는 까닭이다.

눈을 판단함에 있어서는 다음의 네 가지이다.

① 크기……성격의 명암(明暗), 감수성의 정도.

② 형상(形狀)……의지력의 강약, 애정의 후박(厚薄).

③ 질(質)……병상(病相), 그때 그때의 감정.

④ 버릇……긴장의 정도, 성격의 현상.

이 가운데 ③의 질이란 흰자위의 색이나 검은자위나 흰자위의 크기이며, ④의 버릇이란 눈동자에 안정성이 없다던가, 이야기 도중에 유달리 눈을 많이 깜박인다든가 하는 것을 뜻하는 것이다.

눈의 표준(標準)

동양인의 눈의 가로폭(横幅)의 평균은 28~30밀리미터라 한다. 그러나 이것은 어디까지나 숫자상의 평균일 뿐이고 인상학(人相學)에서는 얼굴을 바라보았을 때 받는 느낌을 중시한다.

얼굴에 있어서의 균형으로 말하면 입은 눈의 거의 1.5배이고 또 좌우의 눈 사이는 눈 하나가 더 들어가기 보다는 약간 좁은 간격이다.

눈의 경우로 말하면 뚜렷한 남녀 차이는 없다. 다만, 연령에 의한 변화가 현서하고, 나이가 들어감에 따라 가늘어지고 흰자위가 넓어지고 검은자위나 눈동자가 작아지게 된다.

● 눈의 명칭(名稱)과 표준

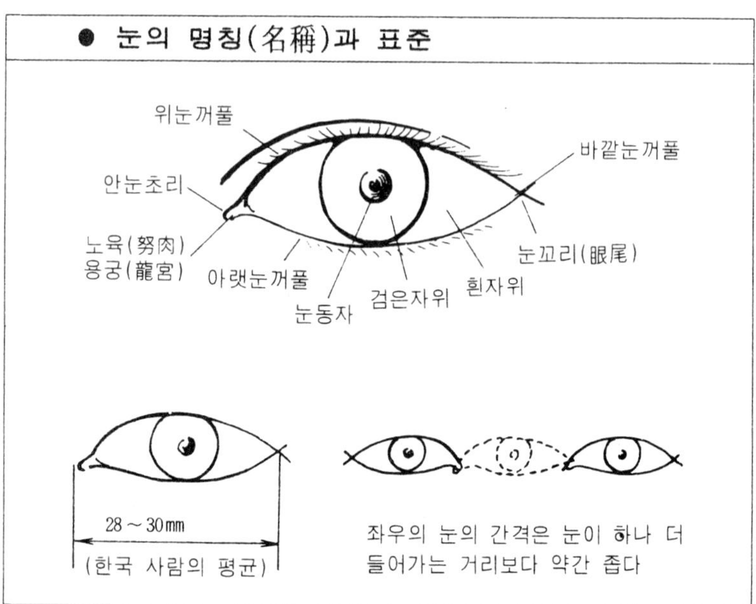

눈의 나이에 따른 변화

	어 린 이	청 년	노 인
형상(形狀)	27－29mm	29－30mm	30mm
검은자위와 흰자위	흰자위가 적다	평균	흰자위가 많다
검은자위의 위치	약간 위로 붙음	중앙	약간 아래로 붙음
눈동자	크다	보통	작다

● 삼형질(三形質)의 눈

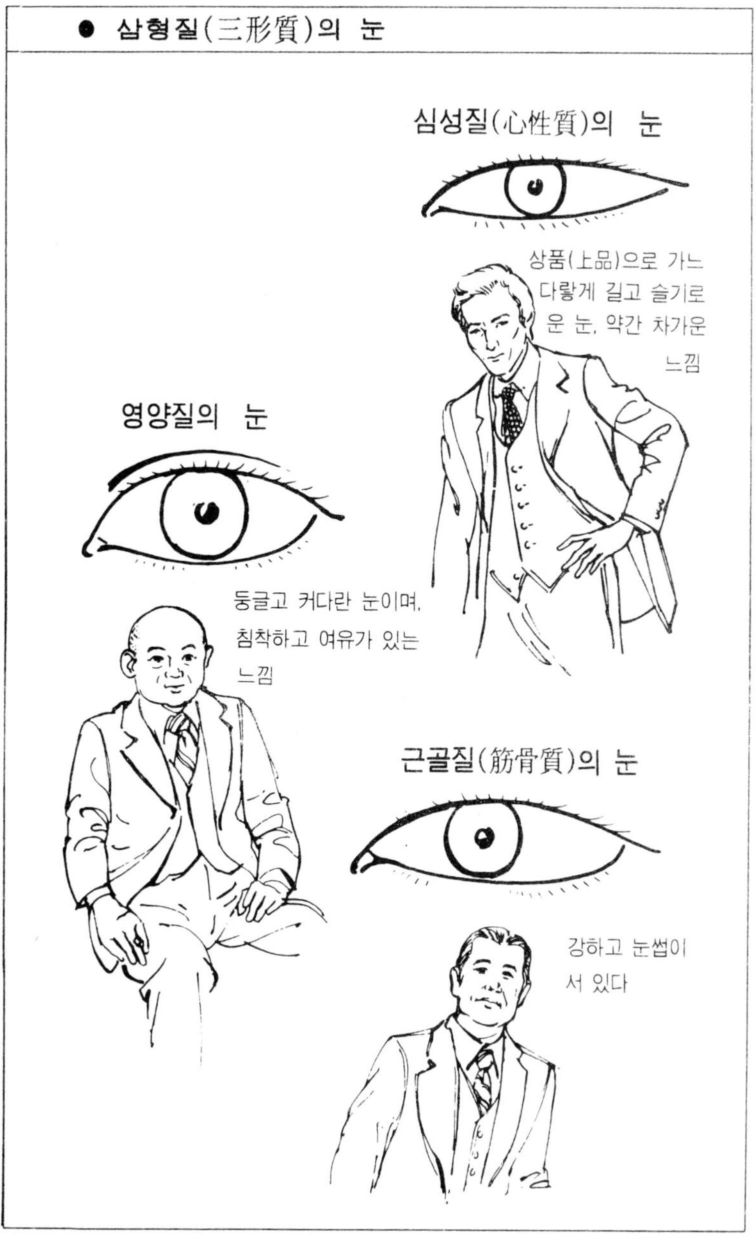
심성질(心性質)의 눈
상품(上品)으로 가느
다랗게 길고 슬기로
운 눈. 약간 차가운
느낌
영양질의 눈
둥글고 커다란 눈이며,
침착하고 여유가 있는
느낌
근골질(筋骨質)의 눈
강하고 눈썹이
서 있다

● 눈 부분의 삼질론(三質論)

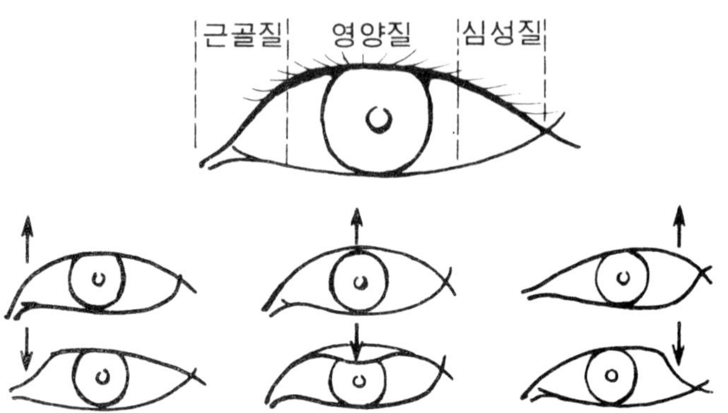

근골질 부분의 상부가 위로 치켜 오르면 영양질이 가미되어 밝고 명랑해 진다. 반대로 아래로 처지면 심성질이 끼이게 되어 쌀쌀한 느낌을 주고 관찰력이 예민하다. 섹스도 능란하다.

영양질 부분의 상부가 위로 치켜 오르면 사교적이고 화술(話術)도 능란하다. 미적감각이 뛰어나지만 깊이는 없다. 반대로 아래로 처지면 꼬치꼬치 이치를 따지는 성미로 타산적이다. 근면하고 저축하게 된다.

심성질 부분의 상부가 위로 치켜 오르면 근골질 영양질이 가미되어 개성이 강하고 고집쟁이가 된다. 사물을 밝게 처리하나, 남들로부터 경원시(敬遠視)된다. 반대로 아래로 처지면 심성질이 강하게 된다.

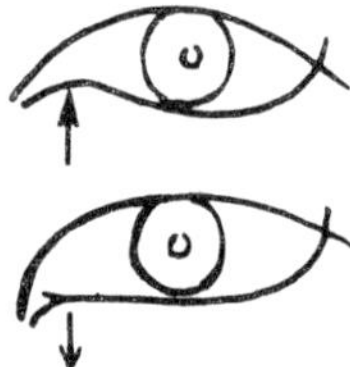

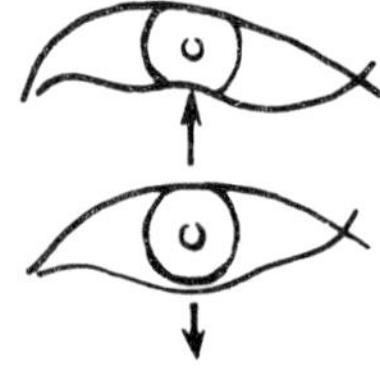

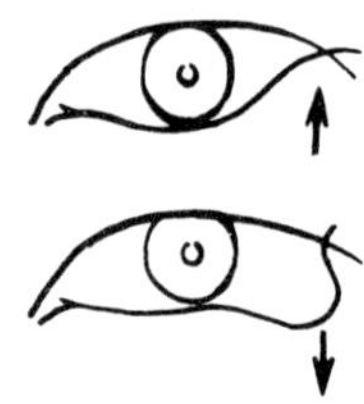

근골질 부분의 하부가 위로 치켜 오르면 동경(憧憬)하는 듯한 표정이 된다. 정이 깊다. 반대로 아래로 처지면 애정 결핍형으로 자의(恣意)에 의하여 제마음대로 행동하게 된다.

영양질 부분의 하부가 위로 치켜오르면 근골질이 가미되어 유순한 듯이 보이겠지만 자신가(自信家)이다. 반대로 아래로 처지면 배짱이 크다. 섹스로 인하여 몸이 쇠약해 지는 형이다.

심성질 부분의 하부가 위로 치켜 오르면 건강하고 성적(性的)으로도 능란하다. 마무리를 잘 짓고, 짖궂은 성미가 없다. 반대로 아래로 처지면 애교가 있는 눈이 되지만 끈기가 없고 생활력도 저하한다.

큰 눈

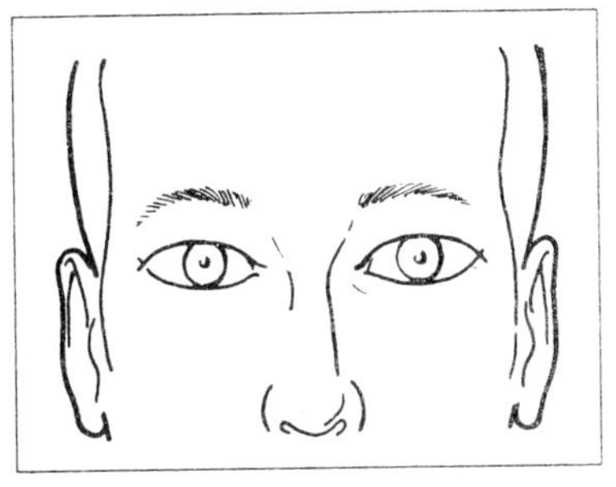

일반적으로 크다고 느껴지는 눈의 사람은 감수성이 예민하고 표현력이 풍부하며 화술도 교묘하다. 또한 사교적이며 명랑한 분위기를 지니고 있다. 미식가(美食家)가 많고 미적 정서력(美的情緒力)도 남다른 바 있으나 큰소리를 치는 반면에 바탕이 얕다.

성미가 급하고 싫증을 자주 일으키는데 그것은 변화를 즐기는 데서 온 것이다. 특히 얼굴에 비하여 눈이 큰 사람은 그러한 경향이 강하고 실행력이 없음에도 입에서 나오는데로 함부로 말을 한다.

작은 눈

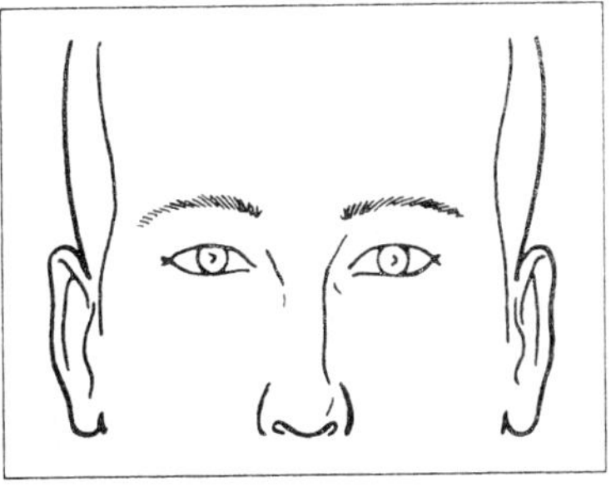

견실하고 끈질긴 사람이다. 일반적으로 초년운이 나쁘고 교제가 서툴어서 인생을 즐기는 면은 적으나 근면 노력으로 결혼후에 운이 열리는 대기만성형(大器晩成型)이다. 의사 표시를 하지 않으므로 눈에 띄지는 않는 존재이지만 의지 그 자체가 강하고 체력에 있어서 끈기 있게 활동하여 성공을 거두게 된다. 눈에 힘이 있으면 남의 존경을 받게 되고 견실한 인생을 보내게 되겠지만 눈에 힘이 없으면 운도 적어진다.

튀어나온 눈

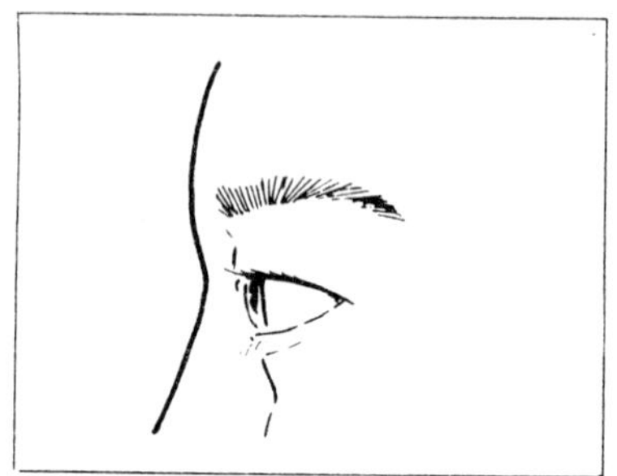

눈이 튀어나온(凸) 사람은 전체적으로 개방적이다. 안구(眼球) 자체가 튀어나와 있는 사람은 관찰력이 예민하고 남의 기분을 꿰뚫어 보는데 탁월한 재주를 지니고 있다. 조숙형(早熟型)이면서 세심하여 사소한 일도 놓치지를 않는다. 그러나 뱃심이 약하고 무슨 일이나 중도에 좌절하고 마는 경향이 있다. 아래 위의 눈꺼풀에 살이 남짓하여 눈이 튀어 나와 있듯이 보이는 사람은 정력가로서 생활의욕이 강한 활동가이다. 사업이나 정계 등에서 성공하겠으나 영웅 호색하는 그런 면이 있고 문제를 일으키기 쉽다.

움푹한 눈

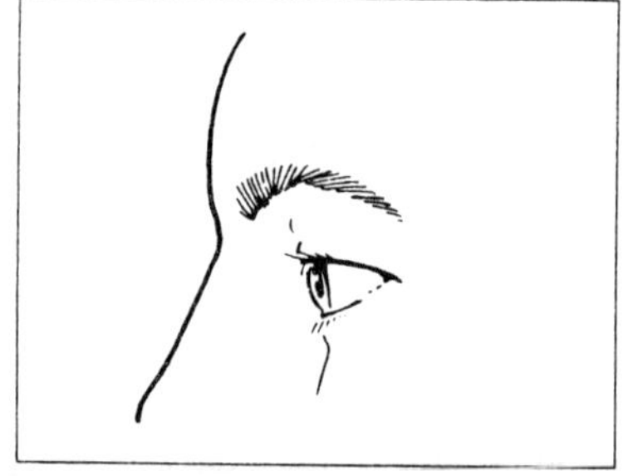

주의깊고 참을성도 강하지만 교제가 서툴다. 열심히 일을 해서 성공하는 만성형(晩成型)이다. 일로서는 외교나 접객 영업 등 대인적(對人的)인 것은 능치 못하며 돌다리도 두드리며 건너는 견실(堅實)주의가 자기를 돋보이게 한다. 여성으로서 이러한 눈이라면 명랑성이 없고 상대방을 즐겁게 하는 재주가 모자라는 탓으로 어두운 인상(印象)을 주어서 손해를 입게 된다. 그러므로 이해해 줄 상대를 찾는 것이 필요하다.

위로 치켜오른 눈

근골질이 많은 눈으로서 근골질의 성격이 된다. 즉, 성미가 급하고 참을성이 없어 미움을 사기 쉽다. 무슨 일에나 적극적이며 고집이 세다. 사람들에게 접근하기 어려운 인상을 주게 되므로 외톨이가 되기 쉽다.

여성으로서 이러한 눈이라면 자아 의식이 강하고 권력 지향성이 강한 성격이다. 위로 치켜오른 눈으로서 큰 눈이라면 보다 성미가 강렬하고 완전한 여성 상위형 이지만 성격은 단순하다.

아래로 처진 눈

심성질이 많은 눈으로서 그 심성질의 성격이 소극적이고 수동형이다.

이 모양으로서 큰 눈이라면 정·재계(政·財界)에서 성공할 소질을 지니고 있다. 여성이라면 옳고 그릇됨을 분명히 따져 가리는 사람이다.

이 모양으로서 작은 눈이라면 꾸물거리고 색정(色情)에 빠지기 쉬운 형이다. 실패는 적겠으나 성공은 탄탄대로에 뛰어 오르는 용기가 결여되어 있다. 부부 인연도 약하고 고생할 수이다.

가느다란 눈

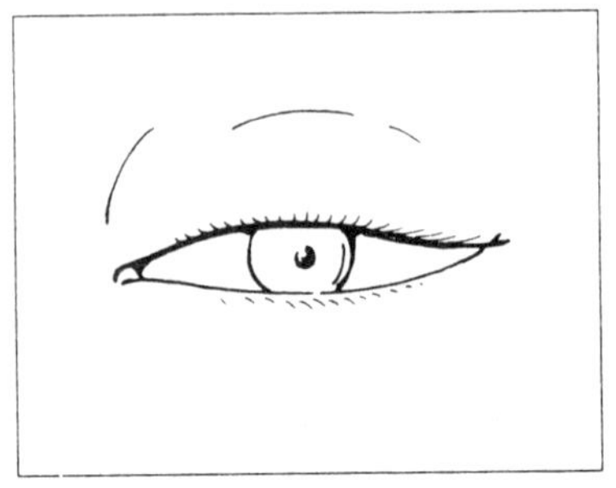

무엇을 생각하고 있는지 모르는 눈이다. 사물에 대하여 민감하게 반응을 일으키지 않으며, 통찰력은 있으나, 음울해서 어두운 느낌을 준다.

이 모양으로서 가로로 긴 눈이라면, 친구가 적은 편이겠지만 가려서 사귀는 형이다. 성공할 상(相)의 하나이지만, 남의 환영을 받지 못하는 성공이 될 것이다. 여성이라면 차분하게 애정을 지니고 있는 사람이다. 가느다랗고 작은 눈이라면 큰 일은 하지 못하지만 그런대로 알찬 살림으로 불편없는 생활을 보낼 것이다.

삼백안(三白眼)

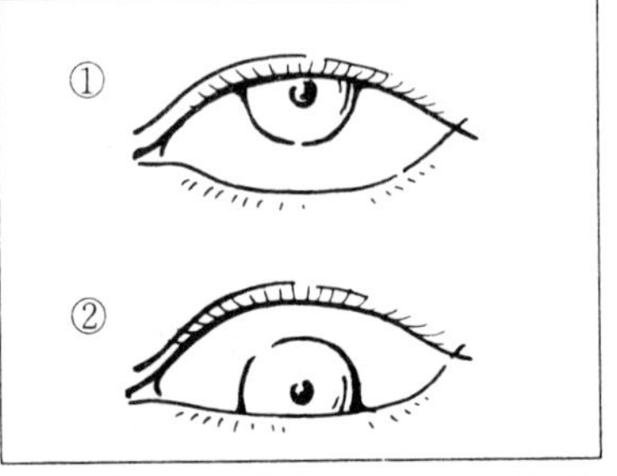

삼방(三方)에 흰자위가 보이는 눈이다. 검은자위가 위에 붙어있는 것 ①을 하삼백면(下三白眠), 아래쪽으로 붙어 있는 ②를 상삼백면(上三白眠)이라 한다. 명랑하고 기분 좋은 일을 생각할 때에는 검은자위가 아래로 내려오고 언짢은 일을 생각할 때에는 위쪽으로 올라가게 되는데 하삼백면은 성격이 명랑 쾌활하다. 하삼백(下三白)인 경우는 사람을 내려 깔고 보는 듯한 느낌을 상대에게 주어 미움을 받게 되고 해를 당한다. 그러나 검은자위의 아래가 겨우 보일 정도라면 성공상(成功相)이다. 상삼백면의 경우는 권모술수(權謀術數)형이다.

코(鼻)

코는 실행력을 나타내는 중정(中停)의 중요한 부분이다. 아무리 좋은 두뇌를 가지고 계획을 하더라도 그것을 실행으로 옮겨 완성시키기 위하여는 코가 커다란 초점이 된다.

코로 판단하는 것은 다음과 같다.

① 중년 운세의 강약……전체적으로 굵직하고 튼튼한 코가 좋은 운이다. 코가 높으면 더욱 상상(上相)이다.

② 의지력의 강약……코의 높이가 한 초점이 됨과 아울러 콧망울이 야무지고 힘차게 생겼을 수록 의지가 강하다.

③ 재산운……준두(準頭:다음 페이지 참조)가 둥글고 크며, 콧망울이 야무지고 힘차게 생긴 한편 살집이 좋을수록 재운(財運)이 있다.

④ 건강운……높은 코보다도 낮으면서 넓고 육중하게 자리잡은 코일수록 건강하다.

⑤ 두뇌……높고 가느다란 코가 일반적으로 두뇌가 좋다.

코의 표준(標準)

발애(髮涯)에서 턱의 끝까지의 길이의 3분의 1보다 약간 짧은 것이 동양인의 평균이다. 가로폭으로 말하면 코뿌리(山根)에서 코의 선단(先端)까지를 백으로 한 경우 콧망울의 끝에서 끝까지가 70이하이면 좁고 85이상이면 넓은 코이다.

코의 높이는 똑같이 길이를 백으로 한 경우, 약 15전후 선단에서 콧망울의 끝까지는 55~60이 표준이다. 남녀의 차이는 없다.

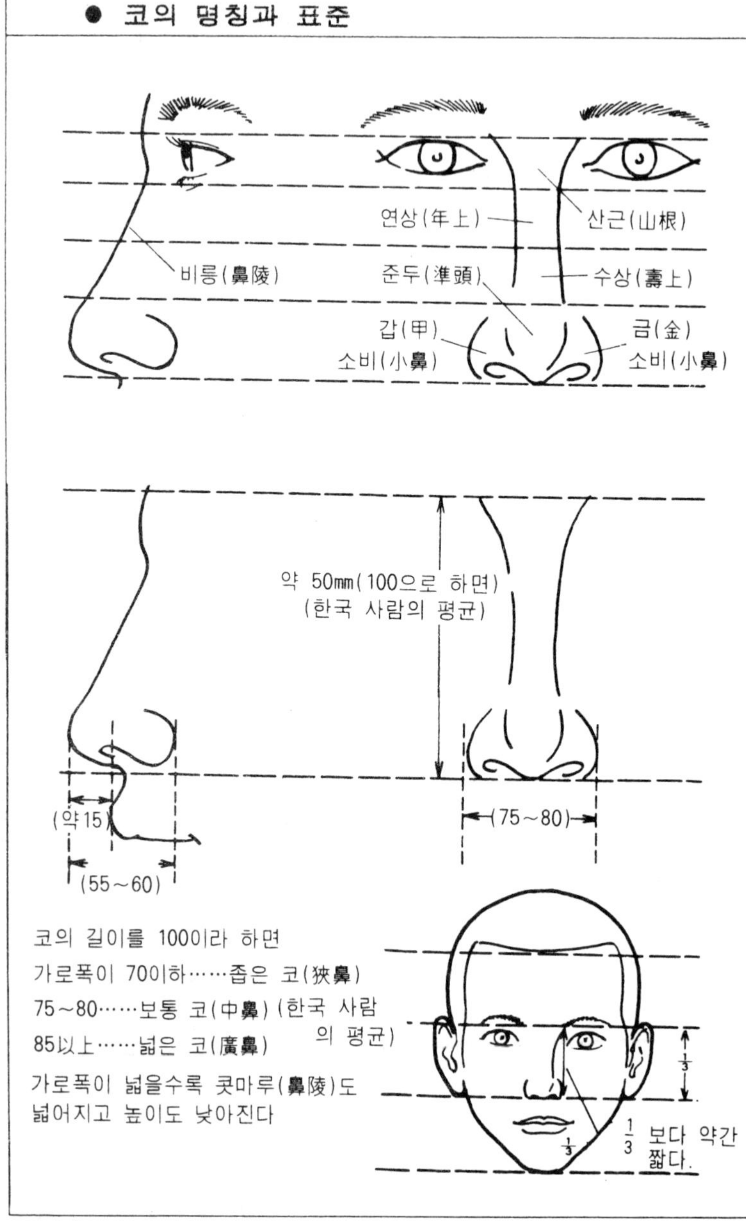
● 코의 명칭과 표준
비릉(鼻陵)
연상(年上)
산근(山根)
준두(準頭)
수상(壽上)
갑(甲)
소비(小鼻)
금(金)
소비(小鼻)
약 50㎜(100으로 하면)
(한국 사람의 평균)
(약15)
(55～60)
(75～80)
코의 길이를 100이라 하면
가로폭이 70이하……좁은 코(狹鼻)
75～80……보통 코(中鼻)(한국 사람의 평균)
85以上……넓은 코(廣鼻)
가로폭이 넓을수록 콧마루(鼻陵)도
넓어지고 높이도 낮아진다
1/3
1/3
1/3 보다 약간 짧다.

● 삼형질의 코

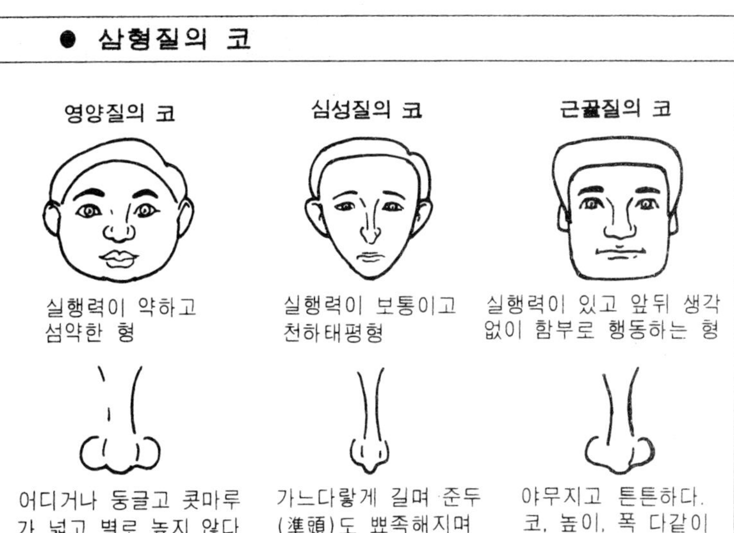

● 코 부분의 삼질론

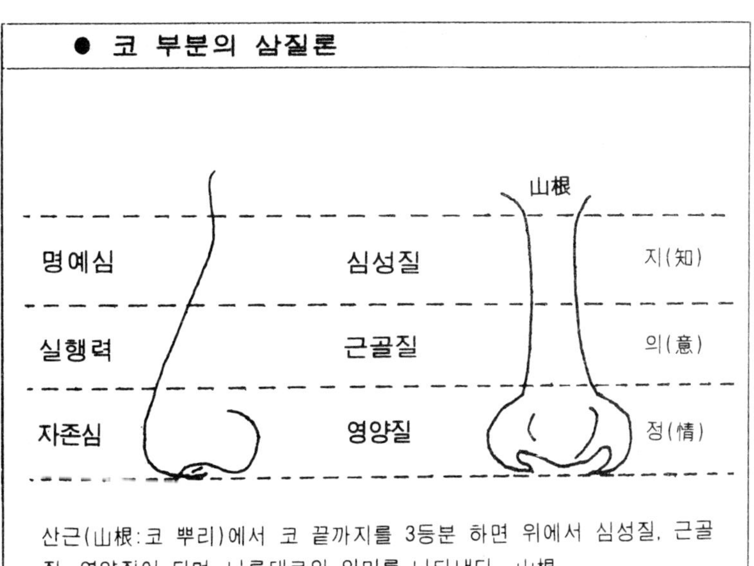

산근(山根:코 뿌리)에서 코 끝까지를 3등분 하면 위에서 심성질, 근골질, 영양질이 되며, 나름대로의 의미를 나타낸다 山根

● 코의 연령 변화

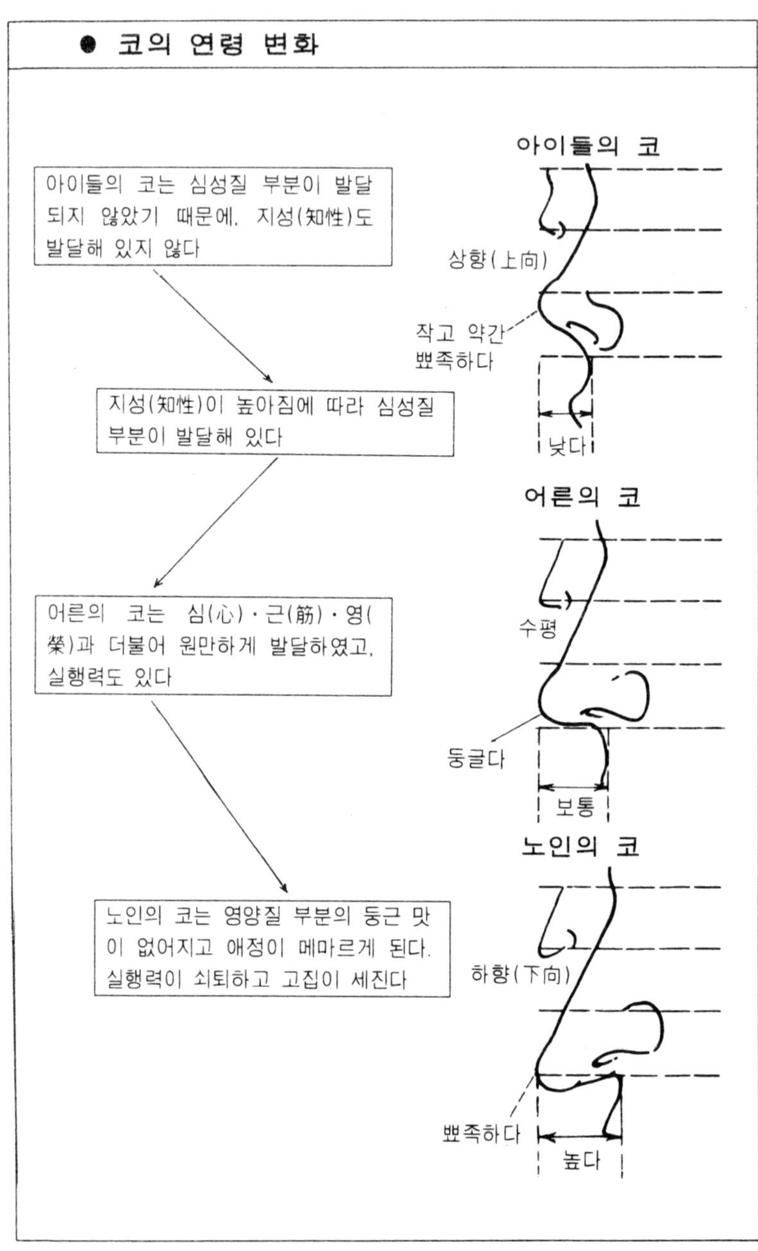
아이들의 코
아이들의 코는 심성질 부분이 발달되지 않았기 때문에, 지성(知性)도 발달해 있지 않다
상향(上向)
작고 약간 뾰족하다
낮다
지성(知性)이 높아짐에 따라 심성질 부분이 발달해 있다
어른의 코
수평
둥글다
보통
어른의 코는 심(心)・근(筋)・영(榮)과 더불어 원만하게 발달하였고, 실행력도 있다
노인의 코
하향(下向)
뾰족하다
높다
노인의 코는 영양질 부분의 둥근 맛이 없어지고 애정이 메마르게 된다. 실행력이 쇠퇴하고 고집이 세진다

● 코의 크기, 높이, 길이, 넓이

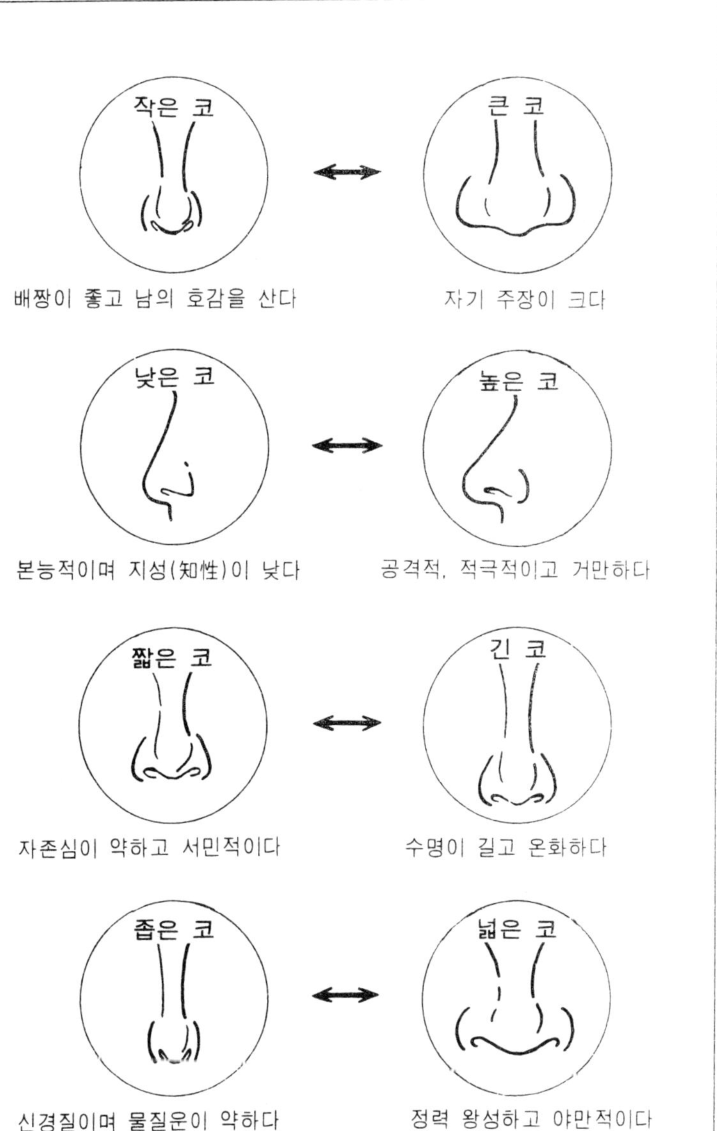
작은 코
큰 코
배짱이 좋고 남의 호감을 산다
자기 주장이 크다
낮은 코
높은 코
본능적이며 지성(知性)이 낮다
공격적, 적극적이고 거만하다
짧은 코
긴 코
자존심이 약하고 서민적이다
수명이 길고 온화하다
좁은 코
넓은 코
신경질이며 물질운이 약하다
정력 왕성하고 야만적이다

위에서 본 코

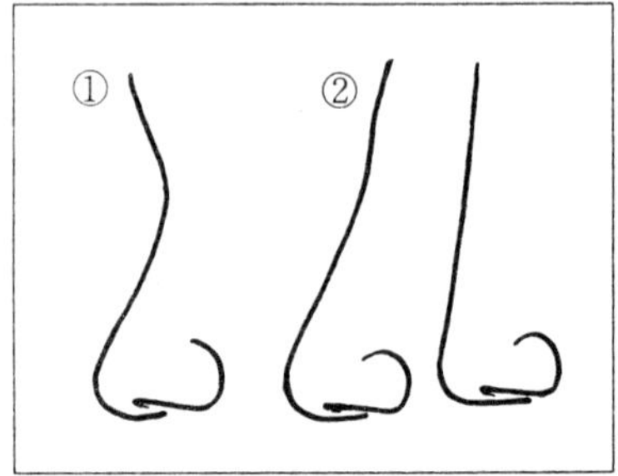

코의 최상부(最上部)는 코뿌리(山根)라 불리운다. 코뿌리는 상부(上部)까지 침식하여 움푹 들어간 코(①)는 지(知)의 부분이 아직 발달되지 아니한 형. 지성이 낮고 생명력도 약하며 사고력이 천박하고 감정의 기복이 심한 데가 있다.

한편 코뿌리가 밋밋한 형(②)은 두뇌가 좋은 사람이지만 자존심이 강하고 사람을 내리깔고 보는 경향이 있다. 콧마루가 좁으면 그 특징이 더욱 강하고 남들의 미움을 사는 원인이 된다.

중앙에서 본 코

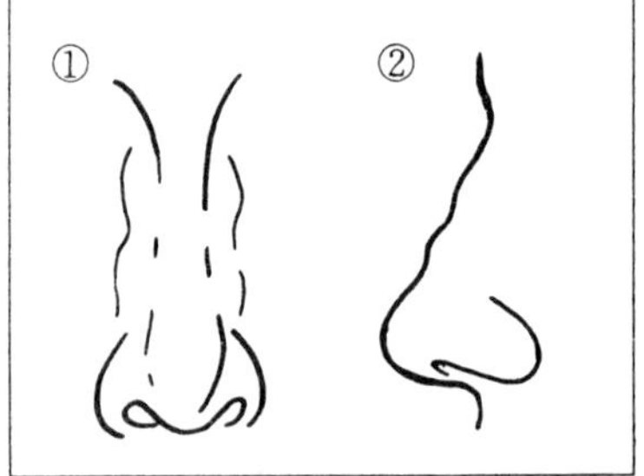

코의 중앙 부분은 중년운의 강약 실행력, 고집의 강약 등을 보는 곳이다. 중앙 부분만 발달한 코는 중년운이 강한 사람이지만 무슨 일에나 오래 지속하지를 못하고 곧잘 지쳐 버리고 만다.

중앙 측면에 층이진 코(①)는 살집이 좋으면 남의 원조를 받을 수 있다. 수완가형인 반면 반항심이 강한 사람이다.

정면에 층이 진 경우(②)는 공격적이다. 타협성이 결여되어, 교제도 서툴고, 부부 인연이 약한 사람이다.

아래에서 본 코

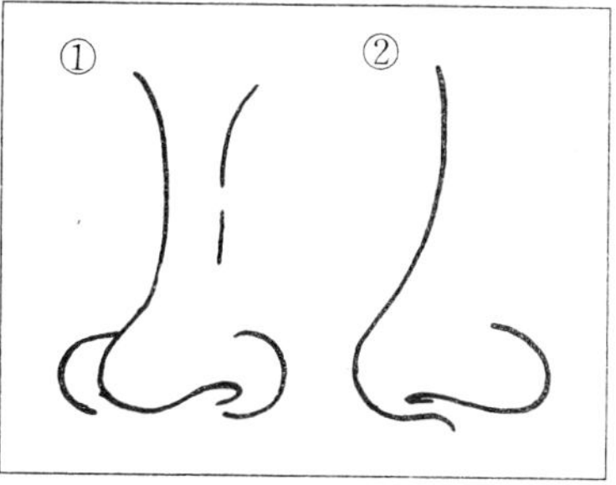

코의 아랫부분은 재운, 사귐성, 정열을 본다. 아랫부분만 발달해서 콧망울이 야무지고 힘차게 솟아 있는 코(①)는 스스로 운을 개척하며 만년운이 좋을 것을 나타낸다. 반대로 아랫 부분이 빈약해서 전체가 편편하고 넓게 퍼진 코는 무슨 일에나 소극적이다.

중앙 부분에서 아래로 걸쳐서 둥글고 큰 코(②)는 인상학에서 주머니 코라 하는데 한평생 부귀를 누릴 사람이다.

재난(災難)은 피해서 다니며 자식복이 있고 출세를 할 것이다.

처진 코

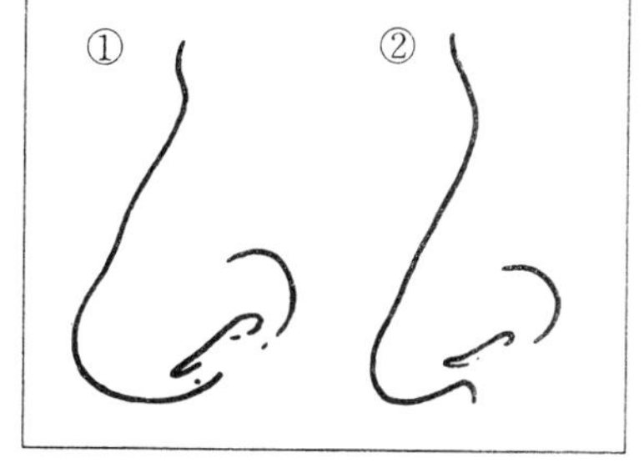

전항(前項)의 주머니 코가 보다 더 둥글게 커져서 아래로 쳐진 코(①)는 잘 타고난 상상(上相)이 그만 지나친 생김새이다.

코 끝이 처진 형(②)은 욕심이 많고 음울한 사람이다. 자기 주장이 강하고 자기의 이익을 추구하기 위하여 술책을 부려 남을 한정에 몰아 붙인다. 외고집이 센 성격이고 처자와의 인연도 나쁘고, 그 결과 이혼하기 쉽다.

콧망울로 보는 코

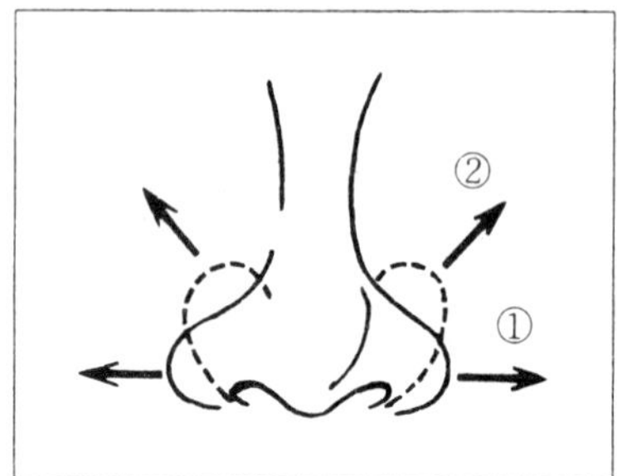

좌우의 콧망울을 인상학(人相學)에서는 금갑(金甲)이라 부르며 이는 금고와 통하는 것이다. 재운과 정의 깊이를 주로 보는 곳이다. 콧망울이 작고 야무지지 못한 사람은 금고가 작아서 축재력(蓄財力)이 없는 까닭에 언제나 허덕인다. 또 좌우의 콧망울의 크기가 균형을 이루지 못하고 있는 경우도 금전적으로 운을 타고나지 못했으며 주거가 안정되지를 못한다. 콧망울이 야무지고 힘차게 생긴 경우(①)는 돈에 부자유를 느끼지 않는다. 콧망울이 으쓱 치켜오른 사람(②)은 의기가 왕성하다.

콧구멍으로 보는 코

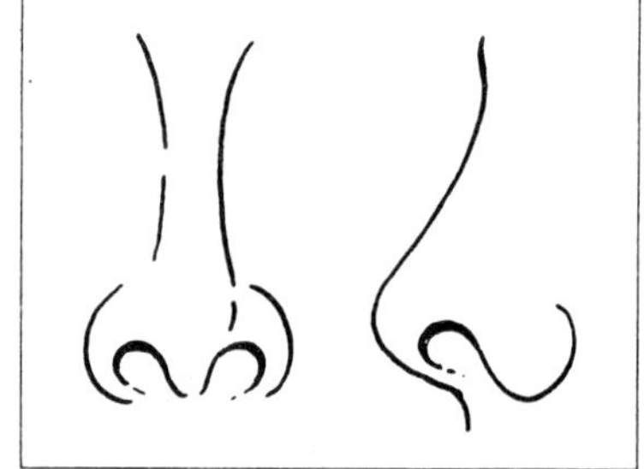

콧망울의 구멍은 그 크기에 비례하여 돈의 출입이 많음을 나타낸다. 콧구멍은 코의 모양과 일치해 있어서 이를테면 콧마루가 좁고 높은 코의 사람은 코의 구멍도 가느다랗고 길며 직립한 모양이 된다.

구멍이 크고 그림처럼 정면에서도 잘 보이는 경우는 낭비가이다. 콧구멍이 작은 사람은 돈의 출입도 작고 안정된 생활을 하게 된다.

그 밖의 다른 코

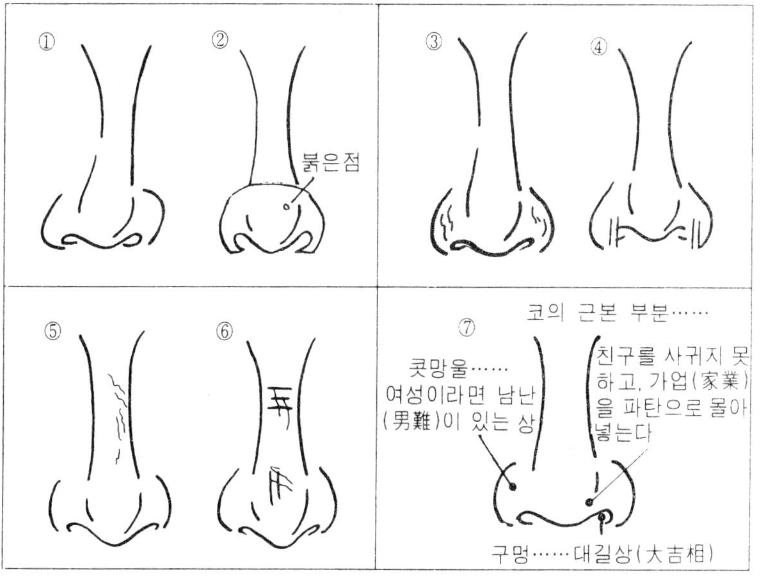

①의 굽은 코는 몸이 약하고 인생에 부침(浮沈)이 있는 모양이다. 화술이 좋기는 하지만 전체적으로 불행하다. ②의 콧망울이나 준두(準頭)에 여드름 같은 붉은 점이나 붉은 색이 나온 경우는 반드시 의외의 출비가 있다. ③의 콧망울에 더러운 색이 나타났을 때는 생식기의 이상을 나타내며 ④의 코에 나온 주름이나 줄기 가운데서, 콧구멍에서 붉은 선이 내리쳐질 때는 3년 이내에 재산을 상실하는 상(相)이다. ⑤의 콧마루 위에 나오는 가로 또는 새로의 주름은 음상(淫相)의 하나로 이른바 색고리인 사람이다. ⑥의 코뿌리에서 준두(準頭)에 걸쳐 생긴 줄기는 일생에 한 번은 대난(大難)에 부딪치게 된다. 코의 점은 그림 ⑦과 같다.

인중(人中)

인중(人中)은 자기를 나타내는 코와 가정을 나타내는 입과의 연락로(連絡路)로서 자기의 분신(分身)인 자녀와의 인연이 여기에 나타난다. 도랑(溝)의 모양이 깊은 것이 상상(上相)이다.

인중(人中)으로 보는 것은 앞서 말한 자녀연(子女緣)외에 운세로는 운기(運氣)의 강약과 수명 병상(病相)으로는 여성기(女性器)의 발달 정도와 자궁의 상태 등이다.

인중(人中)의 표준(標準)

똑바로 입을 향하여 내리뻗은 것이 표준이다. 다만 일반적으로 말해서 아래쪽이 넓은 것이 운이 강하고 만년형이며 위쪽이 넓은 인중(人中)은 끈기가 없고 운도 약함을 나타낸다.

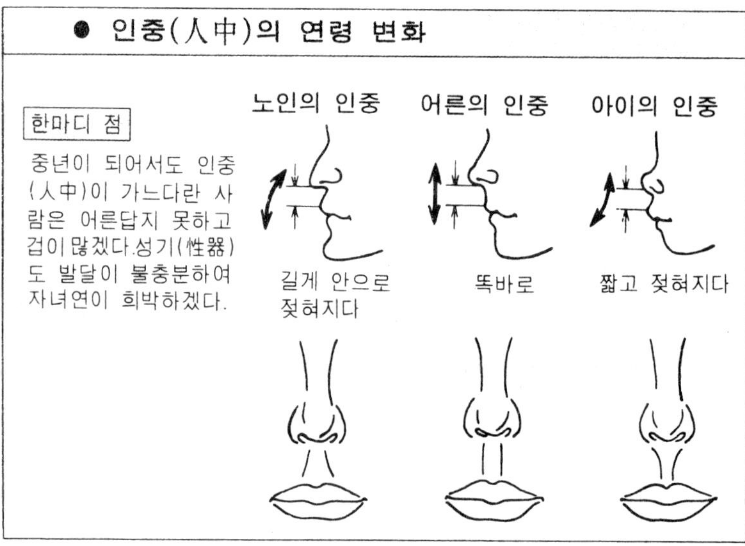

긴 인중(人中) 짧은 인중(人中)

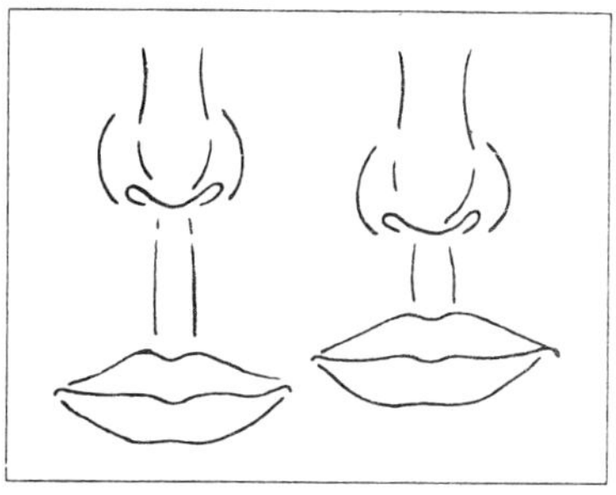

인중(人中)의 길이는 운세나 수명에 비례한다. 긴 인중은 운세도 수명도 좋다고본다. 다만, 고랑이 얕은 경우는 운세 등이 약해진다.

짧은 인중(人中)은 수명 운세가 모두 약한 사람이다. 또 짧고 밖으로 젖혀진 인중은 처세술도 뛰어나지 못하고 자녀연(子女緣)이 엷은 사람이다. 다만 짧을지라도 고랑이 깊은 경우는 위의 약점을 보충해 준다.

고랑이 얕은 인중 깊은 인중

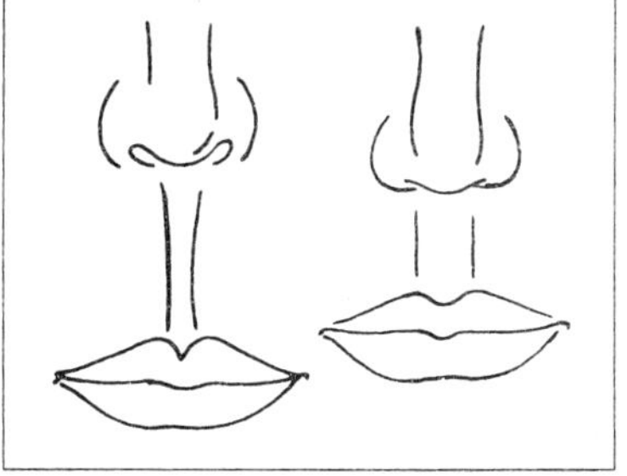

인중의 고랑의 깊이는 그 사람의 마음의 상태를 나타낸다. 깊은 고랑은 마음이 다부지고 끈기가 있는 사람이며 반대로 얕은 고랑은 마음에 빈틈이 있고 운세도 약하다.

고랑이 얕고 폭이 넓은 인중은 맺힌데가 없는 느낌을 주는 인중으로서, 끈기와 생활력이 다 희박한 사람이고 낭비벽이 있는 형이다.

깊고 좁은 인중은 순진해 보이는 사람인데 끈기는 있는 편이나 무슨 일에나 우유부단하고 소심한 사람으로서 자녀와의 인연이 엷은 것을 나타낸다.

흠, 점, 사마귀 등이 있는 인중

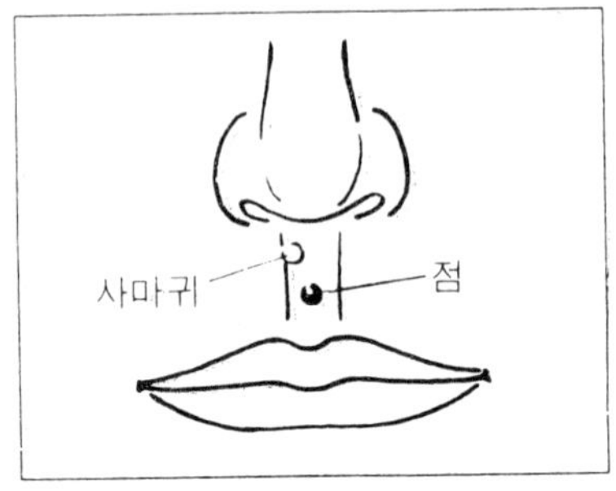

인중에 흠이나 점이 있는 것은 단명상(短命相)의 하나로서 생활력도 약한 것을 나타낸다. 만약 검은색의 점이 있으면 자녀연이 약하고 또 수난(水難)의 걱정이 있다.

인중에 흰 사마귀가 있는 사람도 자녀연이 엷은 사람이다. 흰 사마귀가 인중(人中)의 왼쪽에 있는 경우는 남아연(男兒緣)이 엷고 오른쪽에 있는 경우는 여아연(女兒緣)이 엷은 것을 나타낸다. 또 인중(人中)에 붉은 반점(赤班)이 나와 있으면 부부싸움 중이거나 그렇지 않으면 자궁에 질병이 있겠다. 곧 진찰을 받기 바란다.

인중(人中)이 없는 사람

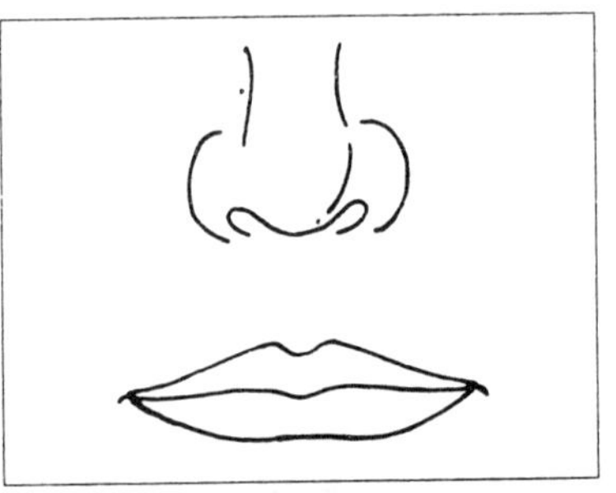

코밑이 맺힌데가 없이 평평해서 인중의 고랑이 거의 없는 것 같은 사람은 자녀와의 연분(緣分)이 없겠으나 부부의 어느 편이건 인중이 있으면 조금은 가능성이 있다.

부부로서 남편에게 인중이 없는 경우는 자녀가 출생할지라도 대부분 사별하거나 살아 있어도 부모 곁을 떠나 타향에서 살게 되거나 해서 자녀와의 연분이 엷은 것으로 본다.

입(口)

입은 하정(下停)의 대표적인 부분이다. 주로 애정을 나타내는 곳이며 코가 나타내는 실행력의 배경이 자기의 손득(損得)에 의할 것인가? 그렇지 않으면 애정에 의할 것인가를 이 입이 증명한다.

입의 모양으로는 운세의 강약이나 의지력, 입술로는 애정의 정도, 정력, 수명, 의지력, 자녀와의 연분 등을 본다.

입은 또 특히, 여성에게 있어서는 섹스와 결부되는 중요한 부분이다. 이것은 입이 성기와 같은 신경계로 연계되어 있는데서 연유한다. 또 피부 가운데서 색이 있는 곳은 입술, 젖꼭지, 음부, 항문 등으로 모두 생식과 소화에 관련된 부분이며 입술의 발달이 다른 부분의 발달과 비례되어 있음을 증명하고 있다.

입의 표준(標準)

입의 길이는 눈의 1.5배가 표준이다. 다만, 실제로 관찰할 때에는 입의 양끝이 눈의 어느 부위에 오는가에 따라 판단한다. 다음 그림처럼 미간(眉間)이 좁은 사람이나 남성은 좌우의 눈동자의 간격이 표준이며 미간이 넓은 사람이나 여성은 검은자위의 안쪽의 간격이 표준이다.

또 눈과 마찬가지로 전체의 얼굴 생김새나 얼굴의 크기에 따라서 입의 크기를 판단하는 것이 중요하다.

입의 대소(大小)는 주로 생활력의 강도(強度)나 성격의 음양을 나타낸다.

● 입의 표준

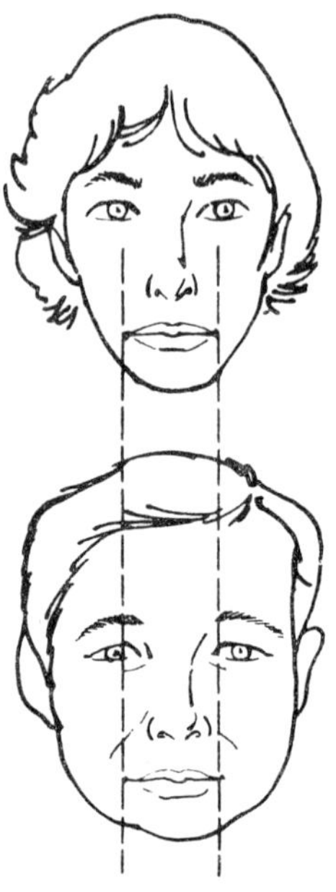

입의 대소(大小)는 눈과 같이 얼굴 생김새로 본 느낌으로 판단한다

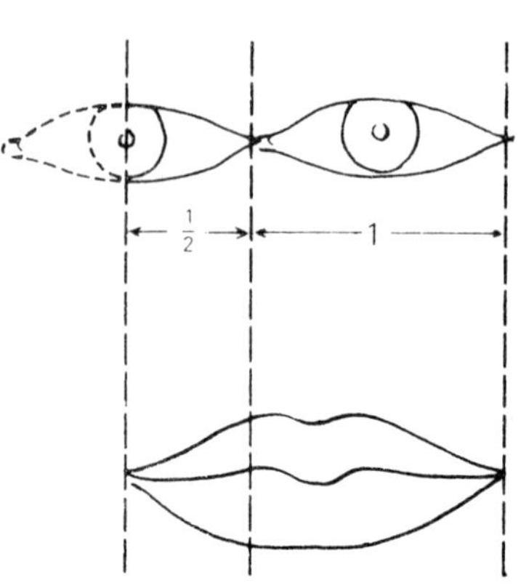

길이는 눈의 길이의 1.5배

미간(眉間)이 좁은 사람 및 남성은 좌우의 눈동자의 간격이 표준

입술이 나타내는 것

이웃사랑(憐愛), 모성애(주는 사랑)

자기사랑, 육체적인 사랑 (받는 사랑)

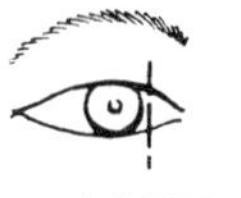

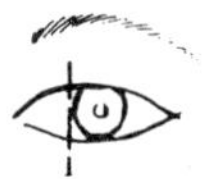

미간(眉間)이 넓은 사람 및 여성은 좌우 흑백의 안쪽의 간격이 표준

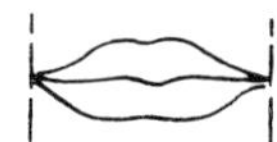

● 삼형질(三形質)의 입

심성질(心性質)	영양질(營養質)	근골질(筋骨質)

크기는 영양질과 비슷하거나 약간 작다. 입술이 얇은 것이 특징이다. 이른바 노인형의 입으로서 애정결핍이고 자기 본위이다. 빈정거리는 말투이다.	입은 약간 적은 대신에 입술이 두껍다. 예쁘게 보이는 여성적인 입이다. 어느 편이냐 하면 애정과다형인데 입이 매듭진 정도에 따라서 운세가 좌우된다.	크고 입술의 두께는 보통이다. 야무지게 다물어 매듭 진 입으로 힘차고 남성적인 느낌을 준다. 운세는 대체로 순조로우며 애정도 건성스럽지 않다. 수명도 길다.

● 입 부분의 삼질론(三質論)

한마디 점

심성질 부분인 입의 양끝이 가늘어지지 않고 두꺼운 그대로이고 입을 다문 매듭새가 좋은 입을 넉삿자(四字)라 한다. 대단한 상상(上相)이다. 영양질의 매무새로 성격이 밝고, 사물을 선의로 해석하는부분이 전체적으로 퍼져있고 양끝은 야무진 근골질 사람이므로 남의 호감을 사는 사람이다. 입신출세하여 재산을 남기게 되고, 자손도 번영할 대부귀상(大富貴相)이다.

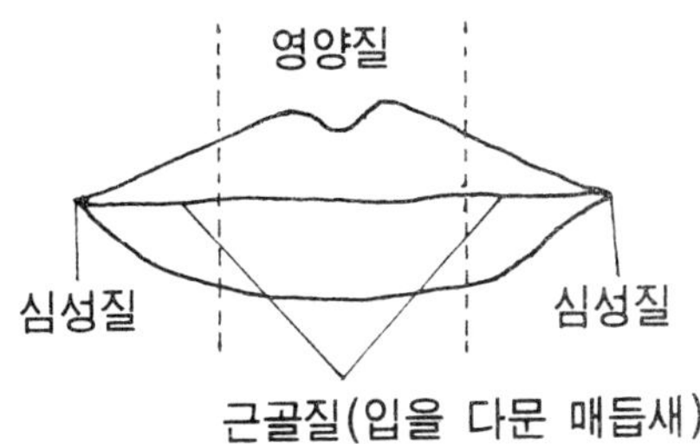

넉삿자(四字) 형의 입

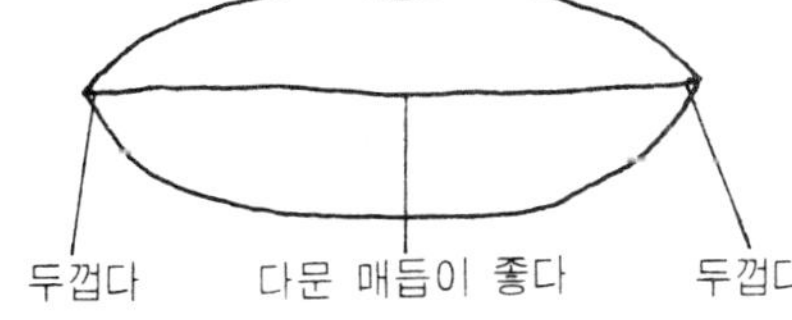

큰 입 · 작은 입

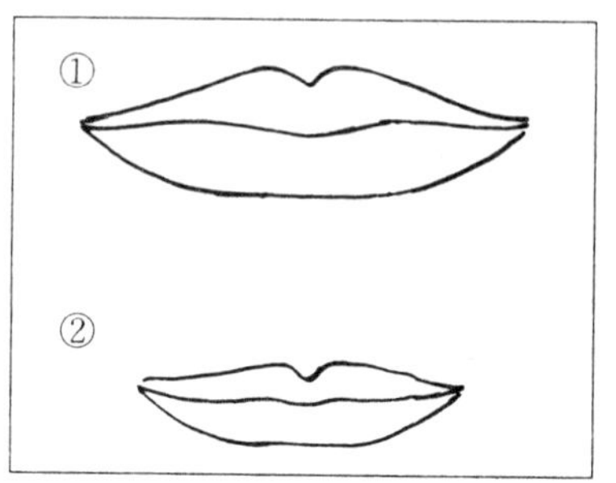

큰 입 ①은 성공상(成功相)의 하나로서 생활력이 있고 야심가이다. 배짱도 있고 명랑한 성격이다.

여성은 인기가 좋아서 연애결혼을 하지만 생활력이 지나친 나머지 가정에 칩거할 형은 아니다. 현대적이라 하겠다.

작은 입 ②는 소심하고 소극적인 생각의 소유자이다. 한 가지 맡은 일을 완성시키는 인내력이 있다. 여성은 의뢰심이 강하고 인기도 있으나 자기 스스로 열이 오르지 않는다.

두꺼운 입술 · 엷은 입술

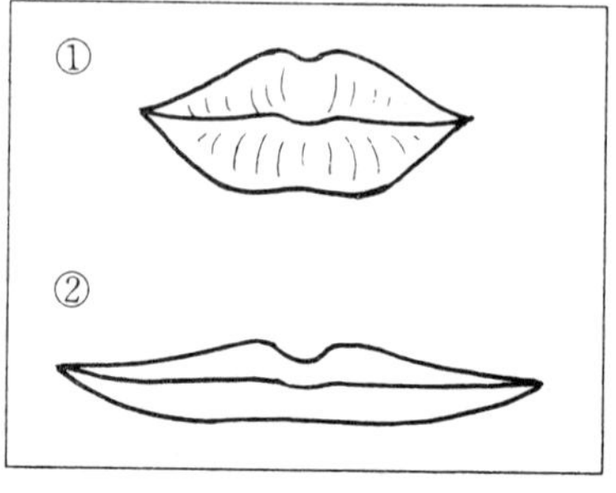

입술이 두꺼운 사람 ①은, 애정이 깊고 박애주의적이다. 또 입술 빛깔이 고운 사람은 금전운, 건강운이 다같이 양호하다. 여성은 이해심이 있고 특히 뚜렷한 세로줄이 많으면 자녀복이 있는 안산(安產)의 상이다. 미식가(美食家)이기도 하다.

엷은 입술 ②는 냉담하고 이해심이 부족하며 타인에 대하여 경계심이 강한 사람이다. 여성이라면 유달리 더 냉담하고 자기의 이해 득실(利害得失)을 따져 간단하게 이혼해 버린다.

양끝이 처진 입(覆丹口)

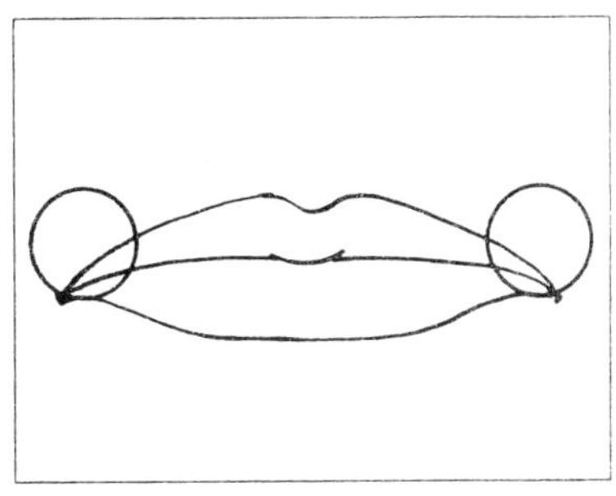

배를 뒤집어 엎은 듯한 입인데 이것이 극단적으로 되면 八자형 입이 된다. 근성이 나쁘고 사물이나 남에 대하여 나쁜 쪽으로 생각하는 형이다. 그러나 의지가 굳고 노력가이며 입신 출세형 이다.

노력가란 여기에서 연유한 것이지만 그러한 입모양이 고정하면 남에게 지기 싫어하는 성미가 두드러져서 남의 미움을 산다. 정치가에게 많고 책모가(策謀家)이다. 얇은 입술에 많은 상(相)이지만 두꺼우면 운이 좋아진다.

양끝이 치켜오른 입(仰丹口)

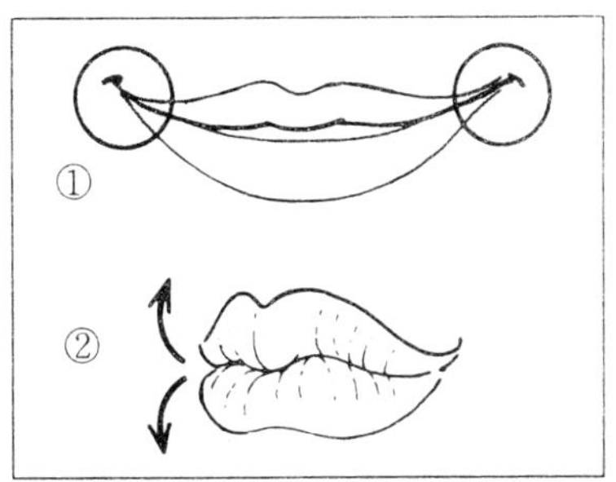

八자형 입과는 반대로 양끝이 치켜올라간 입 ①은 언제나 명랑하고 사물을 선의로 해석하는 양성의 사람이다. 남의 사랑도 받고 건강 상태도 좋고 입신 출세한다.

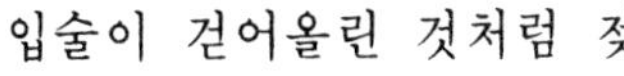

입술이 걷어올린 것처럼 젖혀져 있는 사람 ②는 예능인 계통은 좋겠지만, 항상 자기의 존재를 내세우고 싶어하고 어디에서나 주목을 받고 싶어한다. 성격이 좋은 편이며 매력적이고 감응도 예민해진다.

아랫입술이나 윗입술이 튀어나온 입

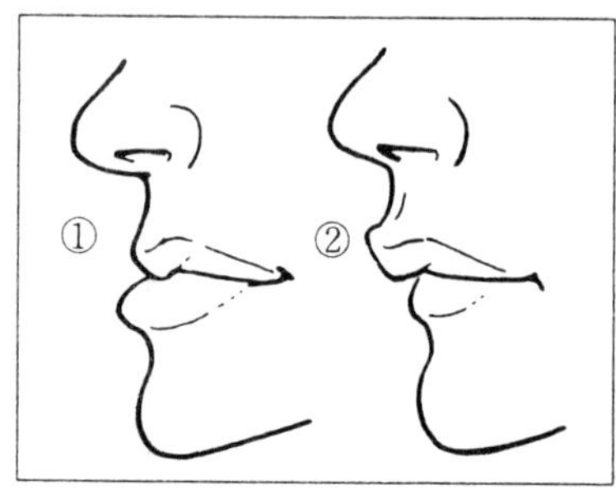

아랫 입술이 튀어나온 입(①받는 입)은 따지기 좋아하여 무슨 일에나 일단은 반대부터 하는 사람이다. 많이 튀어나올수록 그러한 성격이 강해지고 사람을 신용하지 않기 때문에 남으로부터도 경원시된다. 약간 튀어나온 사람은, 건설적인 의견을 제시하며, 윗 입술이 나와 있는 사람 ②는 허둥대기도 하고 말수는 적으나 이따금 말을 하게 되면 경망한 말을 하고마는 경향이 있다. 남의 아래서도 근면하게 일하는 형이며 가정을 소중히 한다.

입술의 흠·말할 때의 입

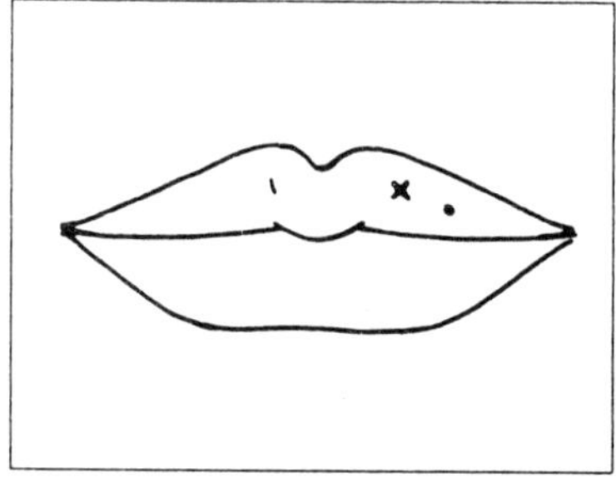

입은 애정운 이외에 금전운도 보는 곳이다. 입술에 베인 상처가 있는 경우는 애정운이나 금전운과 멀고 실의와 좌절을 많이 겪는다.

말할 때 입술이 아래로 비뚤어지는 사람은 대체로 거짓말쟁이다. 근성이 좋지 않으며 자조형(自嘲型)이기도 하다.

입의 어느 한쪽이 올라가는 사람은 자신이 넘치는 형인데 그로 말미암아 운의 손해를 입는다. 감정이 격해지면 입술이 경련을 일으키듯 하는 사람은 말로 실수하기 쉽고 질투심도 깊다.

법령(法令)

법령이란 콧망울의 위에서 아래턱으로 걸쳐 생겨져 있는 얼굴의 금(紋理)으로서 중정(中停)에서 하정(下停)으로 뻗어 있다. 끝이 넓어 질수록 상상(上相)이며, 금이 입으로 가까워 질수록 운이 작아진다.

법령으로서 보는 것은 운세적으로는 부하운, 가정운, 직업운, 주거운이며 병상(病相)으로는 다리·허리의 강함을 본다. 그 사람의 자립성(직업의식·프로의식)을 나타낸다. 따라서 여성으로서 법령이 뚜렷한 사람은 직업을 가지게 되며 주부로는 부적당하다.

법령은 누구나 보기 쉽고 판단도 비교적 쉽다. 다만, 법령은 중년이 되지 않으면 뚜렷해지지 않으므로 젊은 사람을 보기는 힘들겠지만 그런 때는 그 사람의 웃는 얼굴을 보게 되면 입 언저리에 생긴 금이 이윽고 법령으로 된다고 생각해서 보면 된다.

법령의 표준(標準)

법령은 20대에 들어서 겨우 얕은 금이 자리잡기 시작하여 40세 이후 깊어지면서 뚜렷해진다. 그 사람의 자립성을 나타내는 것이므로 나이가 지긋해도 법령이 없는 사람이나 반대로 젊을지라도 법령이 뚜렷한 사람이 있다.

콧망울의 바로 위에서 시작하여 입술의 중심선보다 약간 아래 쪽에서 끝나는 것이 보통이다. 다만 끝이 윗입술의 상단(上段)에서 아랫입술의 하단(下端)까지의 사이에서 끝나 있는 것이 표준이다.

● 법령의 표준

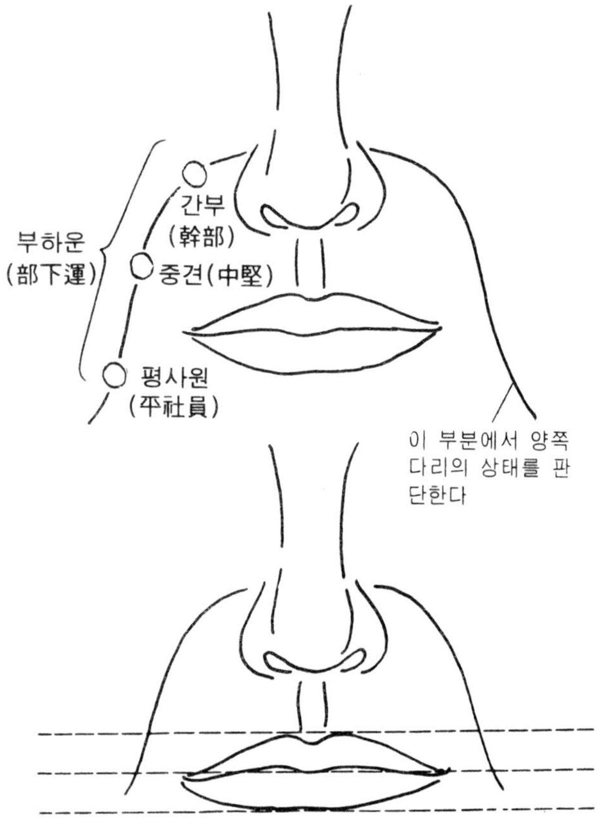

법령은 20대부터 얕은 금이 자리 잡기 시작하고, 40세 이후에 깊고 뚜렷해 진다. 콧망울의 바로 위에서 시작하여 입술의 중심선보다 약간 아래서 끝나는 것이 표준이다

넓이와 폭

①처럼 금이 뚜렷하고 끝이 넓어진 법령은 반드시 입신 출세하는 상(相)이라 일컬어진다. 특히 예능관계로 성공할 운세라 본다. 가정도 원만하고 부하와도 연분이 맞는다.

콧망울의 위에서 시작된 법령 ②는 골똘한데가 있고 젊어서 한 밑천을 잡는다.

입을 에워싸듯 뻗어 있는 법령 ③은 실언으로 실패하기 쉬운 상(相)이다. 위장이 약하고 식성도 짧은 편이다.

법령이 곧게 뻗어 내린 사람 ④는 폭이 넓은 경우는 좋겠지만 좁으면 고독상(孤獨相)의 하나로서 식생활에도 부자유를 느끼게 될 것이다. 또 윗부분이 수평인 것은 신중성이 결여되어 있고 남의 말을 잘 듣지 않은데서 운이 꺾일 우려가 있다.

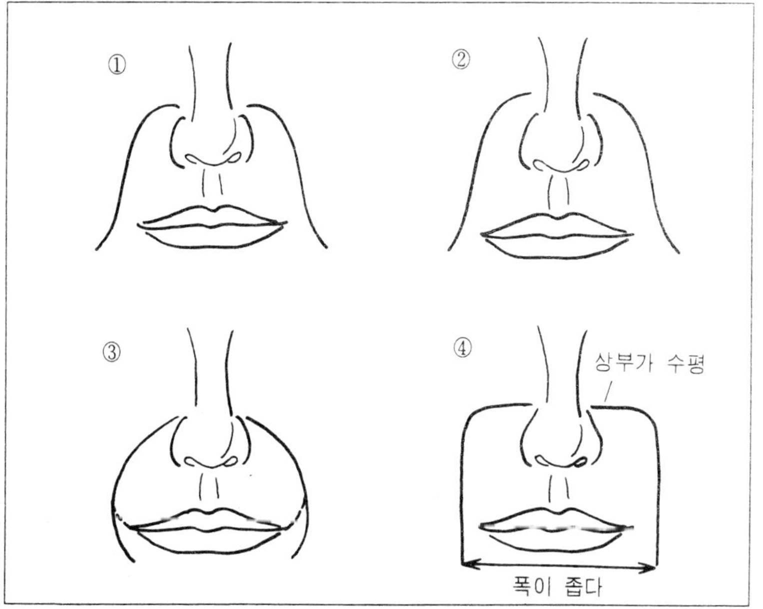

금의 문란(紊亂)

①처럼 토막 토막으로 잘려 있는 법령은 직업상 정착이 되지 않고 수명운이나 부모와의 연분도 엷다고 본다.

법령이 두 가닥 있는 ②는 직업도 자주 변하고 부모와의 연분도 좋지 않음을 나타낸다. 그러나 중도에서 가지치듯 나누어진 법령 ③으로 특히, 바깥쪽으로 갈라진 지점의 나이에서부터 사업이 발전하는 좋은 상(相)이다.

④처럼 좌우의 법령이 균형을 이루지 못하였다면 한쪽 부모와 연분이 엷은 사람이다. 그러나 그림처럼 왼쪽 금이 깊고 뚜렷할 때는 남성이라면 아버지, 여성이라면 어머니와의 연분이 깊고 각각 어느 한쪽 부모로부터 도움을 얻게 된다.

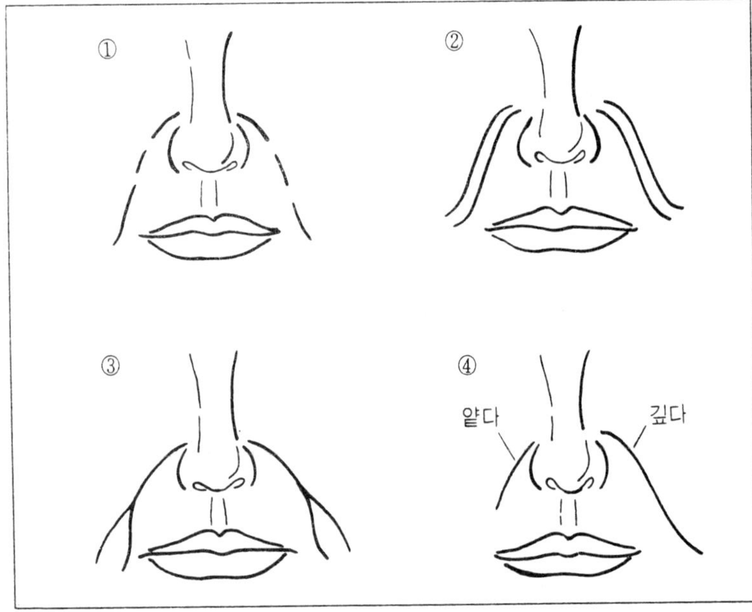

법령이 없는 사람 · 법령의 흠이나 점

나이가 지긋한데도 ①처럼 법령이 없는 사람은 운이 정해지지 않았고 세평도 그 사람의 진가(眞價)가 정해지지 않은 것이다. 반대로 젊은데도 법령이 있는 사람은 자립심이 강하고 젊을 때부터 고생하는 상(相)의 하나이다.

법령의 선상에 있는 흠이나 점이 있는 ②는 한쪽 부모와의 연분이 엷다고 본다. 왼쪽 선상에 있는 경우 남성은 아버지, 여성은 어머니이고 오른쪽 선상에 있는 경우 남성은 어머니, 여성은 아버지와의 연분이 좋지 않다.

법령은 또 부하운(部下運)을 보는 곳인데 ③처럼 법령상에 희미한 오점이 나와 있을 때는 신뢰하는 부하가 떠나는 의미이다. 이런 경우 오점의 위치로 부하의 중요도를 알 수 있으며 그림처럼 코에 가까울수록 간부급의 중요한 부하를 나타낸다.

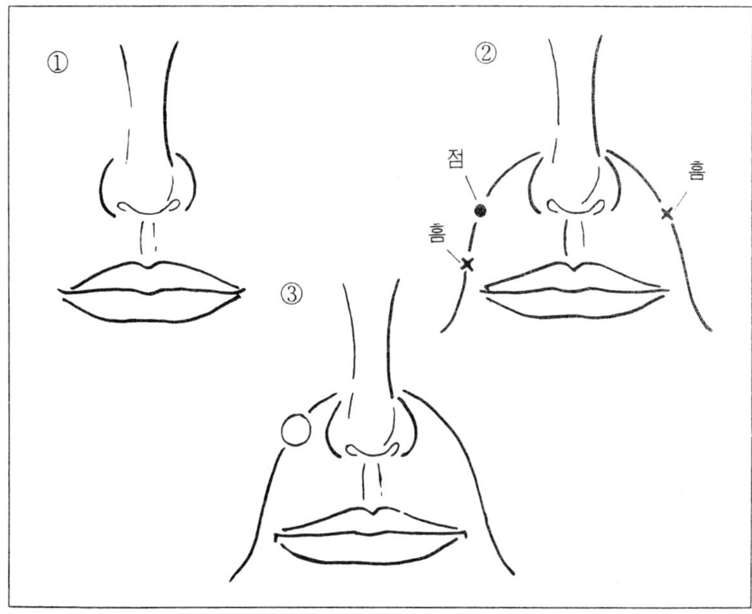

광대뼈(臙骨)

중정(中停)의 대표부분인 코를 보조하는 역할을 하는 것이 광대뼈이다. 보통 볼(頰)이라 하면 광대뼈와 그 아래뼈가 없는 부분과의 두 쪽을 아울러 포함하고 있으나 여기에서는 그것을 따로 나누어 해설하겠다.

광대뼈는 남성에게 잘 발달되어 있다고 보겠는데 여성은 일반적으로 돋보이지 않는다.

광대뼈로 보는 것은 내부적으로는 인내심이나 기력, 외부적으로는 저항력과 세평(世評) 등이다.

광대뼈가 튀어나온 모양, 퍼진 모양, 정면이 튀어나온 사람, 옆쪽 광대뼈가 튀어나와 있는 사람, 양쪽 다 튀어나와 있는 사람, 양쪽 모두 나와 있지 않은 사람 등으로 나누어진다.

또한 옆쪽 광대뼈가 뻗어 있는 모양, 수평인 사람, 위쪽으로 향한 사람, 아래쪽으로 향한 사람들로 나누어 진다.

● **광대뼈의 구조와 명칭**

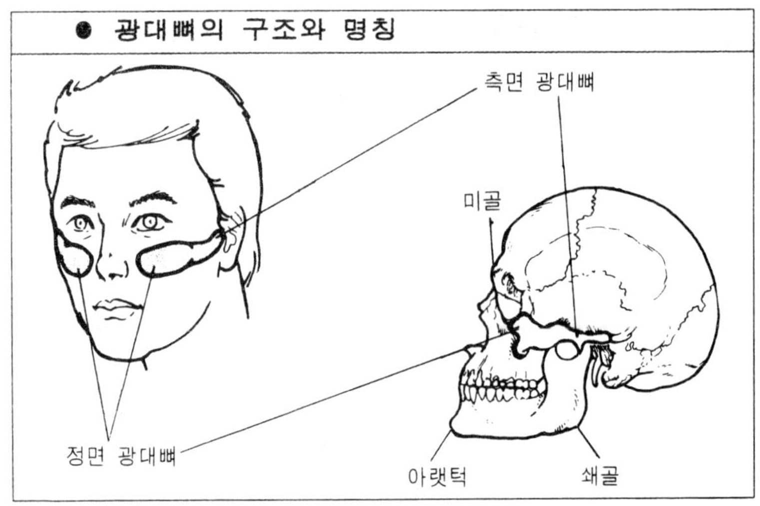

● 삼형질(三形質)의 광대뼈

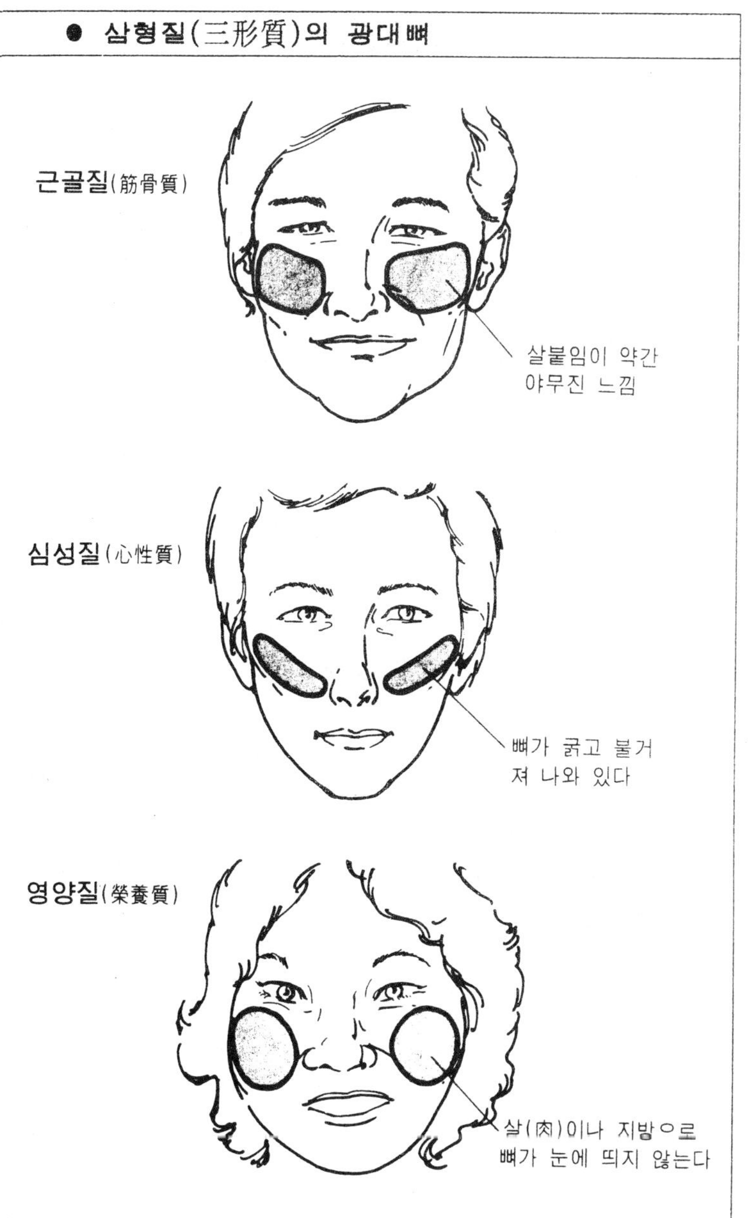
근골질(筋骨質)
살붙임이 약간
야무진 느낌
심성질(心性質)
뼈가 굵고 불거
져 나와 있다
영양질(榮養質)
살(肉)이나 지방으로
뼈가 눈에 띄지 않는다

정면 광대뼈가 튀어나온 사람

남에게 지지 않으려는 성미가 강하다는 표현이 알맞는 사람이다. 기력(氣力)도 강하고 원기가 왕성하다. 무슨 일에나 겁없이 부딪치거나 듣기 싫은 말을 하면 직접 따지기도 하지만 쉽게 마음이 풀린다.

만약 정면 광대뼈가 튀어나와 있고 코(準頭)도 우뚝하게 높으면 주의가 필요하다. 여성인 경우는 승벽(勝癖)이 강하다.

극단적으로 튀어나온 사람은 남녀간에 성미가 급하고 의지가 약하면서도 자아를 너무 내세우는 자기 자랑형이다.

측면 광대뼈가 튀어나온 사람

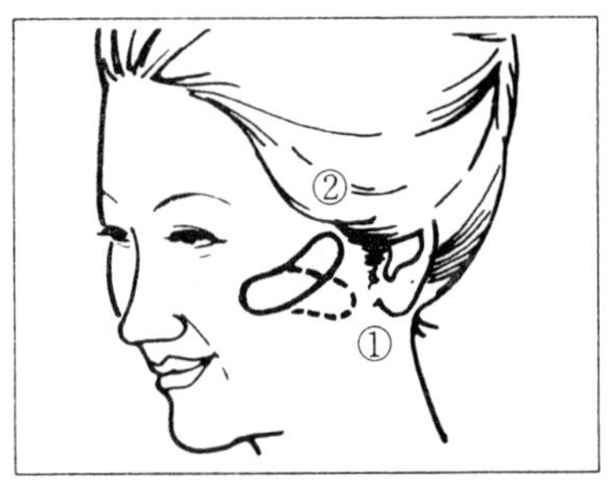

기력은 왕성하고 저항력도 강하지만 그 성격의 나타남은 정면으로 튀어나온 양성적인데 비하여 음성적이다.

귀쪽의 광대뼈가 아래쪽으로 처짐에 따라서 (①) 성격이 음험해져서 남이 싫은 말을 하더라도 가볍게 흘러 버리지만 속으로는 언제인가 반드시 보복을 할려고 기회를 노리는 형이다. 귀쪽으로 봐서 치켜 올라가는 것 (②)은 학자나 예술가에 많은 상(相)이다. 인간미의 깊이와 참된 용기를 지닌 사람이 된다.

정면 측면의 양쪽이 튀어나온 사람

정면으로 튀어 나온데 연유한 급한 성미와 측면의 음험성(陰險性)을 억누르고 양쪽의 좋은 면이 나타난다. 기회의 포착에 민감하고 상대방에게 따지고 들 때도 그만한 근거를 가지고 있다.

특히 양쪽의 광대뼈가 튀어나와 있고 게다가 살집이 좋은 경우는 최상상(最上相)이다. 상대방의 공격을 가볍게 피하고 적당하게 반론을 해서 어느듯 자기 주장으로 끌어들이고 만다. 항상 냉정 침착하여 동료나 세평(世評)도 좋은 편이다.

그 밖의 광대뼈 흠이 있는 사람

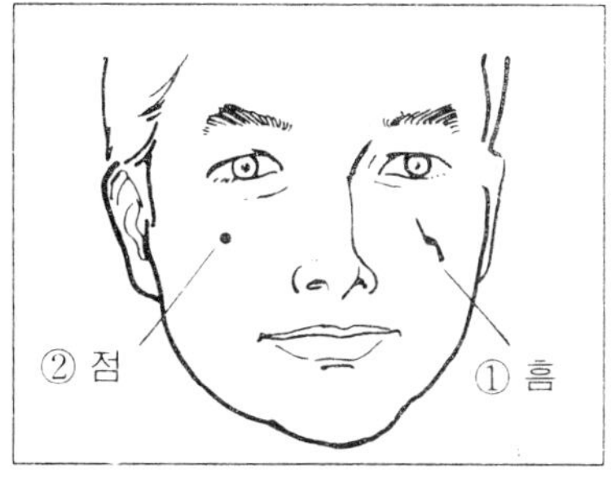

정면, 측면의 어느 쪽도 튀어나오지 않은 사람은 인내심이 약하다. 또한 광대뼈가 튀어 나와 있어도 좌우의 크기가 균형을 이루지 못하였거나 상하의 차이가 있는 경우는 만사불성(萬事不成)으로 남과의 교제도 오래 지속되지 못한다.

광대뼈의 흠(①)이나 점(②)이 있는 경우는 질병이나 재난에 주의할 신호로 본다. 특히 46세가 위험하다. 재난의 원인은 흠인 경우는 자기에게, 점인 경우는 주위에 의하여 불가항력이라고 본다.

볼

광대뼈 아래 뼈가 없는 부분에서 물을 머금고 있거나 숨을 들이켰을 때 부풀어 오른 일대가 볼이다. 살이 남짓하고 매끄러운 것이 상상(上相)이며 살이 빠진 볼 맺힘이 없는 볼은 운세도 좋지 않다. 또 전항의 광대뼈, 볼은 다같이 그 부분의 색깔에 윤기가 있는 것은 운세도 좋고 그 부분이 나타내는 의미도 강조된다.

볼로 보는 것은 운세상으로는 가정운, 노년운, 부하운 등이고 또 성격상으로는 애정심, 병상(病相)으로서는 위장의 장애를 본다.

볼의 둥금(丸)은 복부(腹部)에 비례한다. 볼의 살이 풍부한 사람은 복부도 둥글고 크고 따라서 식욕도 왕성하며 운도 열린다. 다만, 너무 지나치게 풍부해서 볼이 처진 것처럼 되는 경우는 쇠운(衰運)의 시작이다.

보조개가 있는 사람

애교가 있어서 결코 나쁜 상이라 할 수 없으나 상상(上相)도 아니다. 양친 부모의 사랑을 받아 자라지만 그 사람이 태어났을 때부터 생가(生家)에 쇠운(衰運)이 닥친다. 보조개가 트레이드 마크라고 하듯이 예능 관계에는 좋을 것이다. 그러나 인기는 오래가지 않을 것이다.

풍부한 볼과 야무지지 못한 볼

볼이 풍부하고 야무진 사람은 만년을 향하더라도 운세가 강한 사람이다. 좋은 부하운, 좋은 가정운이라 하겠다.

피부가 느슨하고 무르게 보이는 사람은 맺힘이 풀릴 즈음부터 운이 떨어진다. 갑자기 그렇게 되었을 때는 중병 대난(大難)이 닥칠 조짐이므로 주의를 하여야 하겠다.

특히, 볼이 지나치게 풍부해서 아래로 처져 내리는 상(相)은 더욱 좋지 않으며 점점 운이 떨어지고 만다.

피부가 얇은 사람 · 볼의 살이 빠진 사람

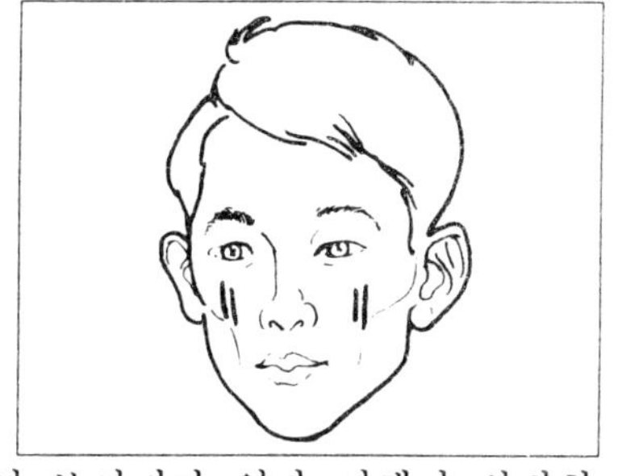

볼이 풍부할지라도 피부가 얇은 사람은 쉽게 감정에 흐르는 사람이다. 피부가 얇은 것은 어린이의 볼이며 이러한 볼은 어디엔가 어린애 같은 곳이 있고 셈이나 감정도 격하지만 시간이 지남에 따라 쉽게 또 잊어버린다. 인정이 있어 보이지만 일단 이해가 상반하면 딴 사람처럼 박정해진다.

볼의 살이 빠진 사람(여윈 것과는 다르다)은 관대한 마음이 없고 운도 약한 사람이다. 그림처럼 볼의 살이 빠진데다가 세로줄이 들어 있는 사람은 변비에 걸리기 쉬운 사람이다.

아랫턱

얼굴의 가장 아래인 하정(下停)의 가장 아랫 부위가 아랫턱이다. 발애(髮涯), 즉 이마의 경계되는 언저리가 초년운, 지성, 조상을 나타내는데 대하여 이곳은 만년운, 정애(情愛), 자손 등을 나타낸다.

즉, 자기가 겪어온 인생의 결말을 짓는 곳이며 또 그것을 예측할 수 있는 곳이라 하겠다.

아랫턱으로 보는 것은 살집에서 본능적인 성욕 및 애정 주거운 등이다. 뼈의 모양이나 튀어나온 상태로 의지력, 의지를 외부로 나타내는 것 등을 보는 것이다.

예를들면 중년이 되고서도 가느다랗고 짧은 아랫턱이라면 그대로 더 가면 고독하고 쓸쓸한 만년을 보내게 되고 만다.

● 아랫턱의 구조와 명칭

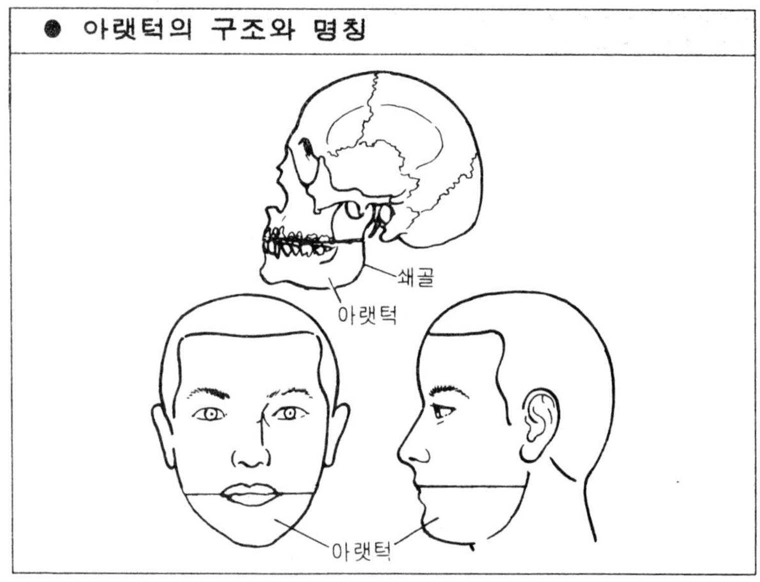

● 아랫턱의 연령 변화

노인의 아랫턱 / 어른의 아랫턱 / 아이의 아랫턱

가운데가 움푹해서 튀어나와 보인다

똑바로

턱없음

● 삼형질의 아랫턱

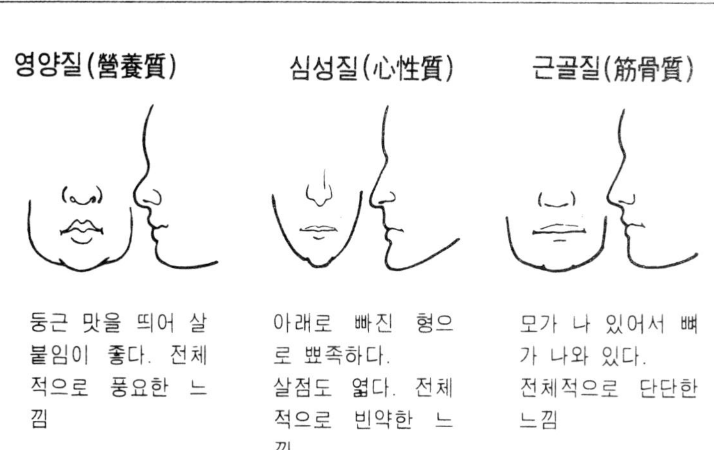

둥근 맛을 띠어 살붙임이 좋다. 전체적으로 풍요한 느낌

아래로 빠진 형으로 뾰족하다.
살점도 엷다. 전체적으로 빈약한 느낌

모가 나 있어서 뼈가 나와 있다.
전체적으로 단단한 느낌

큰 턱 · 작은 턱

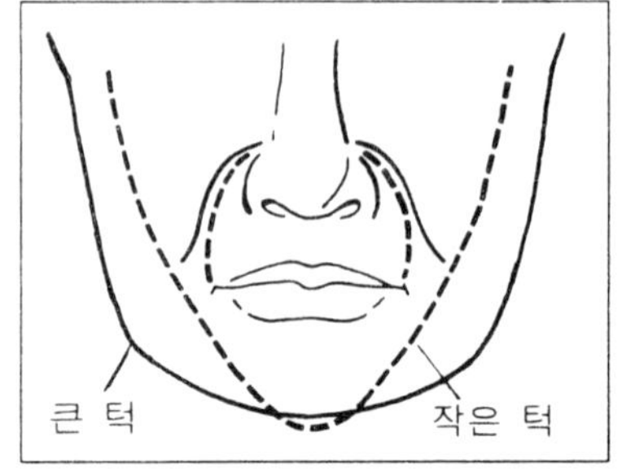

법령에 에워 싸여 있는 부분이 넓을수록 주거운(住居運) 등이 좋다고 법령의 항에서 기술하였다. 이러한 의미로도 큰 아랫턱은 상상(上相)이다.

크고 단단해 보이는 턱은 주거가 안정됨을 나타낸다. 이를테면 크고 작은 여러 개의 방이 있다면 가장 큰 것을 자기의 침실이나 서재(書齋)로 사용하게 되고 반대로 턱이 작고 좁은 사람은 주거가 불안정하고 큰 방에 자면 마음마저 불안해진다.

모가 진 턱으로 큰 사람

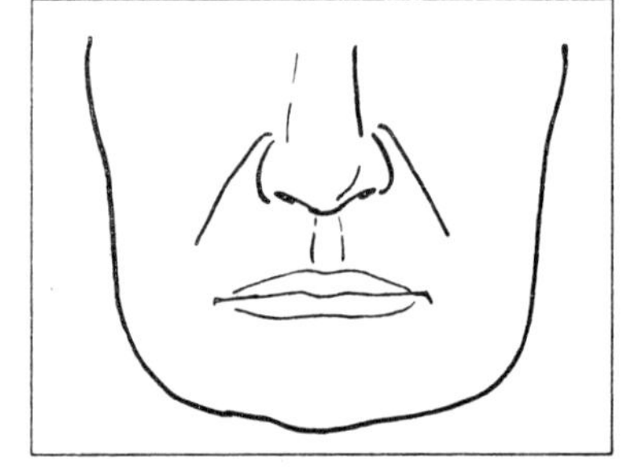

튼튼하고 일 잘하며 근골질의 대표이다. 참을성이 강하고 무슨 일에나 견실하고 계획성있게 밀고 나간다. 만년운도 안정되어 있다.

이러한 아랫턱으로서 코가 우뚝하게 높고 준두(準頭)가 뾰족해 있으면 자아(自我)가 강하고 완고하다.

게다가 입술이 엷으면 더욱 지기 싫어하는 승벽(勝癖)이 가미되어 빈정거리는 성미가 덧붙여진다. 여성이라면 빈틈이 없고 부지런하며, 윤기가 결여되어 있는 것이 단점이다.

둥근 턱으로 큰 사람

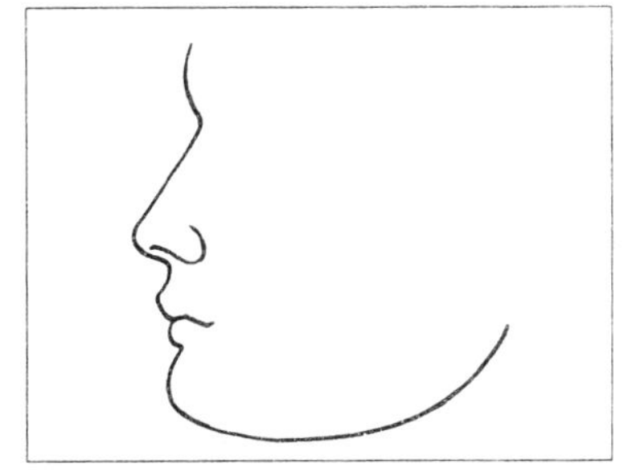

살집이 좋고 통통한 영양질의 대표이다. 유쾌하고 즐거운 만년을 보내는 사람으로 가정도 명랑 화목하고 좋은 이웃사람도 만나게 된다.

살에 힘이 없으면 야무지지를 못하고 무사안일 주의적으로 된다. 여성은 특히 상상(上相)으로서 풍부한 애정으로 넘치는 가정에서 아이들과 함께 만년을 행복하게 보내게 된다.

다만, 너무나 지나치게 예쁜 둥근턱은 애정 과다로, 그것 때문에 문제를 일으킬 가능성이 있다.

턱 아래 샘이 있는 사람

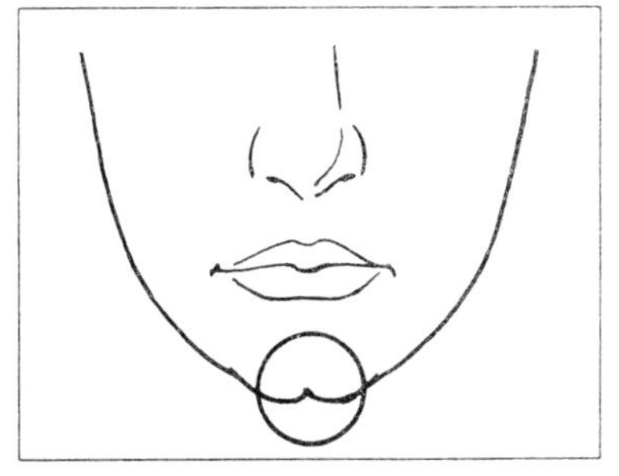

아랫턱에 옹달샘처럼 오목하게 들어간 곳이 있는 것은 상상(上相)이다. 정열가로 외골인 성미가 있고 어디까지나 파고 드는 형이다. 좋은 의미로서의 완고함이 있다. 뛰어난 한 가지 재주를 가진 사람이 많고 노력가로서 남성에게 이러한 턱이 많다. 여성에게 인기가 있다.

또 이러한 턱은 그 사람을 괴롭힌 멋진 사나이를 뜻해서 영화 배우가 연적(戀敵)으로 분상할 때에 이 부위에 파란 색칠을 하는 경우를 자주 볼 수 있다.

움푹 파인 턱

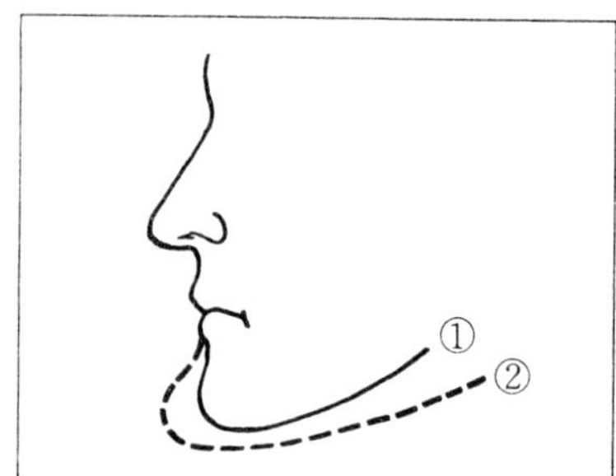

턱이 앞으로 젖혀져 움푹 패인 사람은 전체적으로 완고하며 감정에 변덕이 심한 데가 있다.

더욱이 아랫턱의 폭 차이로 가느다랗게 젖혀진 턱(①)은 생활이 불안정하고 운이 약한 사람이다. 여성이라면 생식기 미발달형으로 몸도 전체적으로 약한 사람이다. 폭이 넓게 튀어나온 턱(②)이라면 자기의 생활이나 터전을 지키는데 정열을 불태운다. 남이 자기의 영역안에 들어오는 것을 대단히 싫어하며 그만큼 자기 나름대로의 행복한 만년을 보낸다. 또한 그것을 실현할 의지력도 있다.

작게 뾰족한 턱

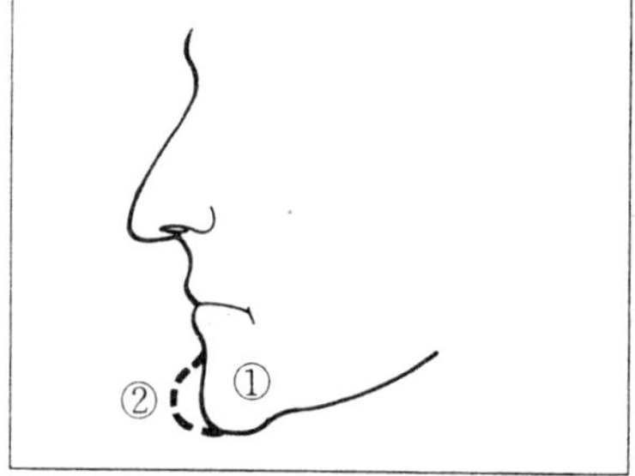

빈약한 턱은 상(相)으로서는 좋은 것이 아니다. 작고 살집이 없으며 평면적이며 뾰족한 턱(①)이라면 고독을 안으로 씹는 성격으로 언제나 애정을 찾는 사람이다. 견실성이 결여되고 몽상가형(夢想家型)이다. 가정적으로 불운하여 처세술도 서툴다. 여성이라면 사치를 좋아하며 이상(理想)만을 추구한다. 조그맣게 뾰족하며 선단(先端)의 살집이 좋고 부풀어 오른턱(②)은 조그맣지만 자기의 영역을 구축해 나간다. 가정도 안정되고 튼튼한 만년을 보낸다.

두겹턱인 사람

영양질이 가미된 풍만한 2중 턱(①)은 상상(上相)의 하나이다. 금전적으로도 부자유를 느끼지 않으며, 자녀복도 있어서 좋은 만년을 보낼 수 있다. 다만 디룩 디룩한 살집으로 힘이 없고 느슨한 턱이라면 쇠운(衰運)으로 향한다. 이러한 턱의 사람은 장남일지라도 집을 떠나게 되지만 독립을 해서 집을 일으킨다.

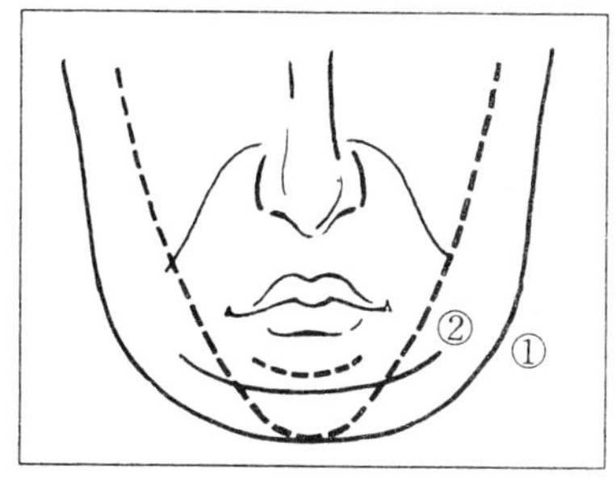

2중 턱으로 가느다란 턱(②)은 첫인상은 좋지 않으나, 속에는 정열이 불타고 있는 소유주이다.

턱뼈가 튀어 나온 사람

누구나 쉽게 턱뼈가 튀어나온 사람은 자아가 강하다고 말하지만 이것은 적극성이 강한데서 연유한 까닭이다.

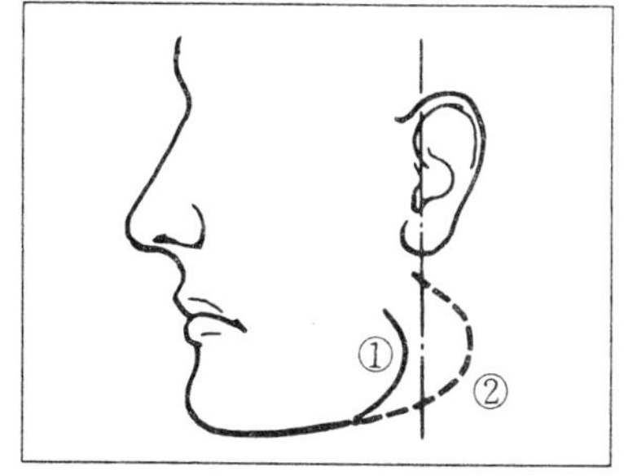

턱뼈가 튀어 나와서 귀의 선에서 앞(①)인 사람은 호기심이 강하고 근성도 있고 일을 성취시키는 힘도 있다.

턱뼈가 귀의 선보다 뒤로 튀어나와 있다(②)면 사소한 데까지 주의가 미치지만 이해가 얽히면 일전(一轉)하여 격한 언동으로 사람을 놀라게 한다. 여성은 성기능이 뛰어나고 적극적이며 앞장 서는 형.

그 밖의 턱

중년이 되어서도 어린 아이처럼 턱이 짧은 사람(① 속되게 말하는 무턱)은 매사에 있어서 끈기가 없고 자아의식만이 강하고 만년을 고독하게 보내고 주거도 안정되지 못한다.

거꾸로 30대로 노인처럼 턱이 앞으로 젖혀져 있는 사람(②)은 솔직성이 없고 그로 인하여 만년이 고독해진다.

턱의 좌우의 선이 불균형을 이룬 사람(③)은 은혜를 원수로 갚는 사람이라 일컬어진다. 가령 사고로 인하여 그렇게 되었을지라도 그로 인하여 성격이 바뀌고 만다.

턱에 흠이나 점이 있는 사람(④)은 40세 이후에 한 번 실패하는 사람으로서 재산도 가정도 끊어지고 만다.

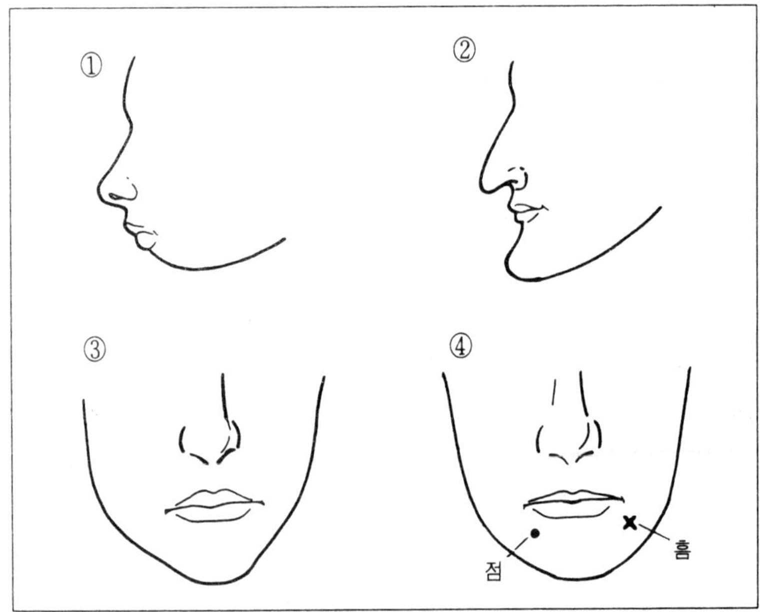

● 반항상(反抗相)의 여러 가지

어떠한 모양의 이마일지라도 발애의 중앙에 세모꼴의 머리털이 이마쪽으로 내려온 사람은 반항적이기 쉽다

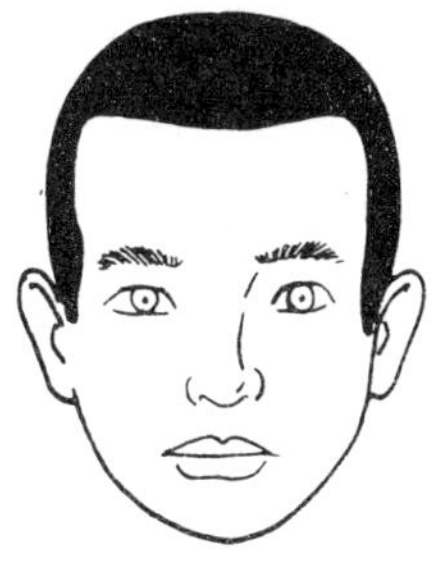

발애(髮涯)가 진한 사람은 일반적으로 윗사람에 대하여 반항적이며 특히 응석동이로 자란 사람에게 이러한 경향이 강하다

이론적 반항형으로 마음속에 새겨두는 반항을 나타낸다

감정적 반항형으로 아무것도 모르면서 토라지는 반항을 나타낸다

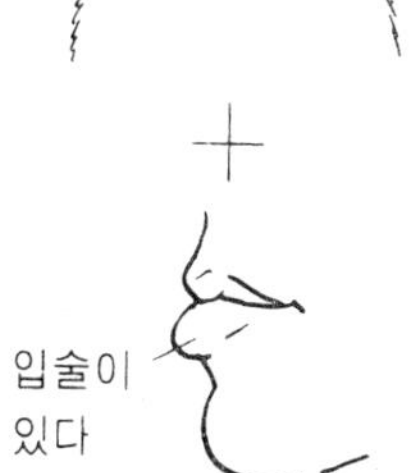

분명하게 「안된다」고 하는 형태의 반항을 나타낸다

그림처럼 반항상(反抗相)이 두 개 있는 사람은 태도로 나타내는 반항에 덧붙여 입으로도 반항하게 된다

귀(耳)

귀는 오관(五官)의 하나로서 중정(中停)의 위치에 있으나 이것만이 바깥쪽에 있어서 객관적으로 그 사람이 초년운에서 만년운까지의 일생을 일찍부터 암시하고 있는 것이다.

귀로서 보는 것은 그 모양에서 유전, 재운, 체질적인 건강상태, 성격, 식성 등이고 또 그 색으로는 현재의 건강 상태나 감정이다.

지금까지 이마의 발애 언저리에서부터 아랫턱(상정, 하정)에 걸쳐서 차례로 초년운에서 만년운까지 또 그것들이 각각 나타내는 성격이나 의지력 등을 보아 왔다. 귀는 아른바 그러한 모든 것의 총평이라 할 수 있다.

이른바 복귀(福耳)가 잘 발달해서 살집이 좋은 것이 상상(上相)이다. 역삼각형이고 귓볼이 빈약하고, 살집이 얇으면 만년운은 좋지 않다.

귀의 표준(標準)

귀의 길이는 코의 길이와 비슷한 것이 표준이다. 또 위치는 얼굴을 측면에서 보아서 옆폭의 3분의 2의 위치가 표준이다.

그런데 이 표준은 중년인 경우이며 나이와 더불어 점점 내려가고 동시에 뒤쪽으로 이동해 간다. 또 귀의 길이도 나이와 더불어 길어진다.

귀의 대체적인 모양은 14세에서 15세 사이쯤 해서 완성된다. 다만 귓볼은 나이나 그 사람의 운세에 의해서 크게 되기도 하고 작게 되기도 하며 귓밥의 두께도 변화한다.

● 귀의 명칭과 표준

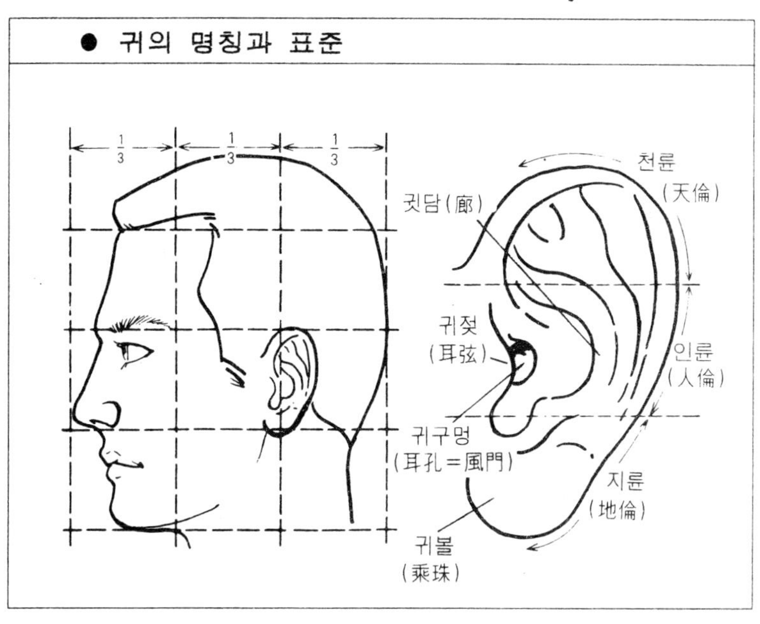

● 귀의 연령 변화

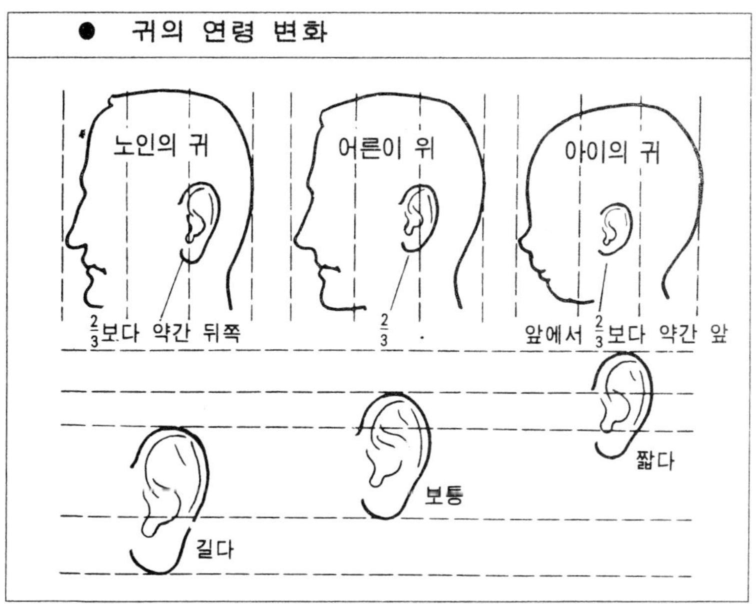

● 삼형질(三形質)의 귀

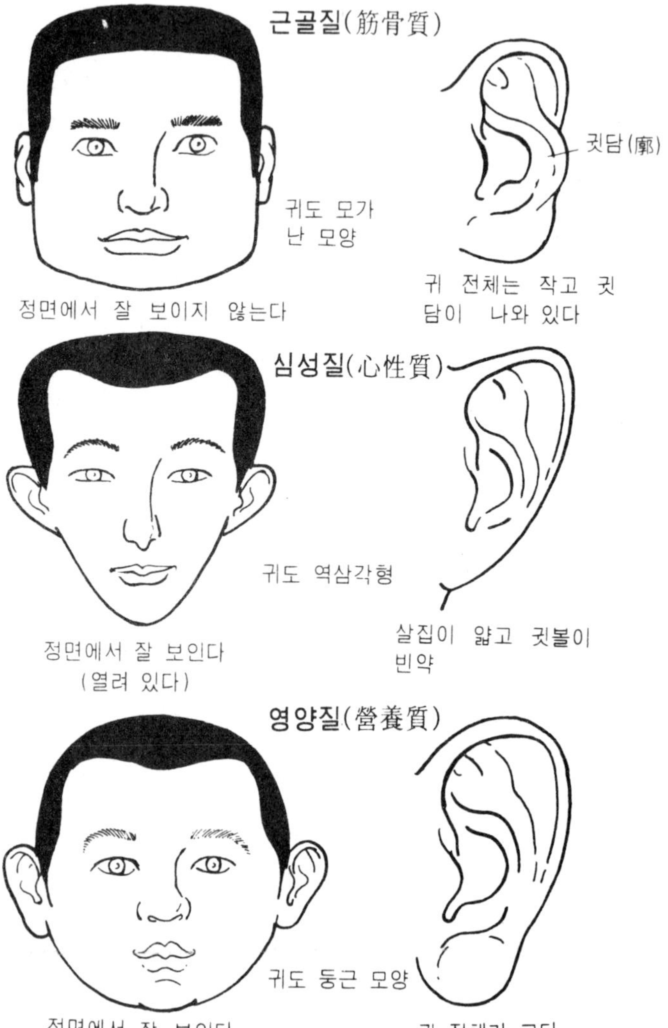

근골질(筋骨質)

귓담(廓)

귀도 모가 난 모양

정면에서 잘 보이지 않는다

귀 전체는 작고 귓담이 나와 있다

심성질(心性質)

귀도 역삼각형

정면에서 잘 보인다 (열려 있다)

살집이 얇고 귓볼이 빈약

영양질(營養質)

귀도 둥근 모양

정면에서 잘 보인다 (열려 있다)

귀 전체가 크다

● 귀 부분의 삼질론(三質論)

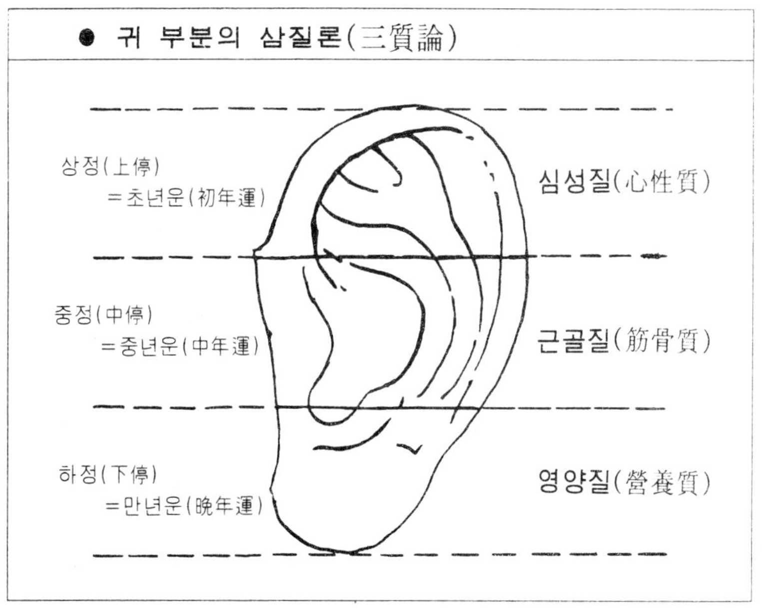

크고 운(運)이 강한 귀

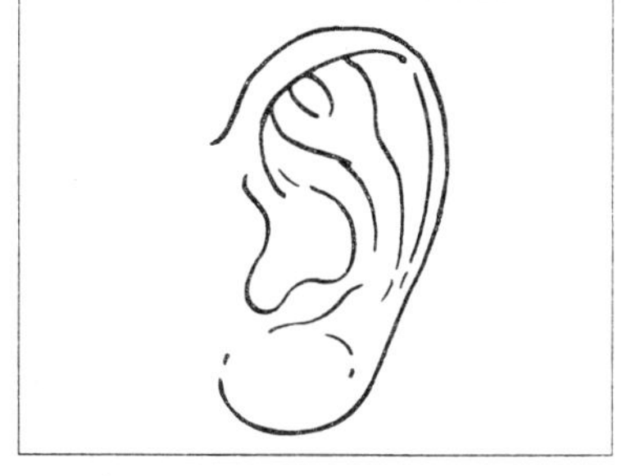

크고 귓살이 두껍고 윤곽이 분명하며 머리에 따라 붙어 있는 단단한 귀가 상상(上相)이다. 특히 두껍고 단단한 것이 양운(良運)의 필수조건이다. 사회운, 재운, 가정운, 건강운 모두가 좋고 만년이 될수록 안정되고 자손도 번성한다. 성격은 크면 천하태평형이다. 다만, 지나치게 크면 음상(淫相)이다. 두꺼운 귀는 실리적인 것을 나타낸다. 단단한 귀는 정력적이고 건강하며 끈덕진 사람이다. 또한 너무 단단하면 고집이 세고 괴팍하다.

작고 운이 약한 귀

작고 귓살이 얇으며 윤곽이 분명하지 않고 날개를 벌린 것처럼 양쪽으로 튀어나와 있고 부드러운 귀는 운이 약한 귀이다. 다만, 작을지라도 두껍고 단단하면 그만큼 운이 좋아진다.

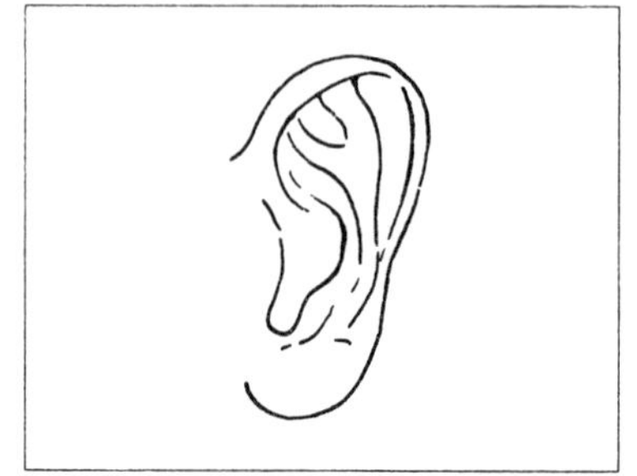

나타내는 성격은 작으면 소심하다. 끈기도 있는 편이 아니다. 얇으면 생명력이 약하고 양쪽에 벌어진 귀는 경계심이 강하고 행동력이 약하다.

또한 부드러운 귀는 끈덕지지 못하고 체력도 약한 사람이다.

귓담(耳廓)이 나온 귀 · 안 나온 귀

귓담(耳廓) 및 귀의 윤곽이 다 같이 살집이 좋고 분명하게 구별될 수 있는 것이 상상(上相)이다. 귓담은 그 사람의 대외적인 성격을 나타낸다.

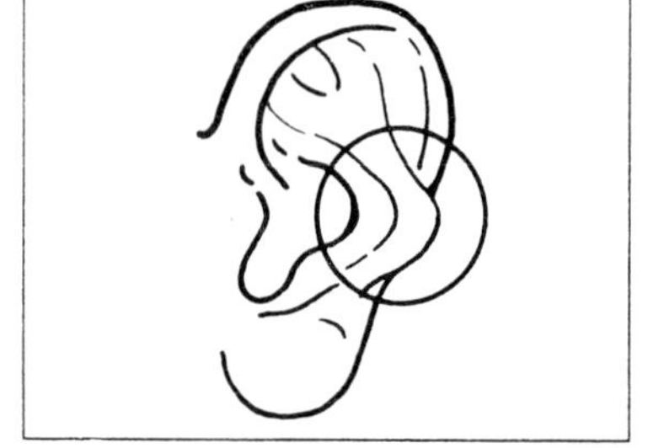

귓담이 나올수록 적극성이 있게 되고 너무 나와서 귀의 윤곽 바깥까지 튀어나온 것 같으면(근골질의 강조) 자아가 강한 반면 속이 좁고 그로 인해서 운을 스스로 물리치는 결과가 되어 만년은 쓸쓸해진다. 세일즈맨 형이다. 귓담(耳廓)은 윤곽을 벗어나지 않는 정도가 좋다.

위쪽이 발달한 귀

상부가 발달하였고 살집이 좋고 크게 위쪽으로 뻗어있는 귀(①)는 상상(上相)이다. 재지(才知)가 있고 창조력도 풍부하며 또 지력에 의한 재운이 생긴다.

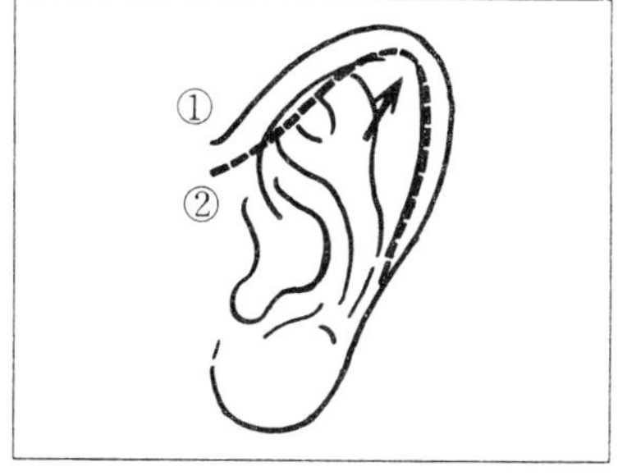

위쪽이 뾰족한 귀(②)는 귓살이 얇은 것이 보통이다. 검난상(劍難相:사고에 부딪히기 쉽다)이며 성미가 좋지 못한 상(相)이다. 성격적으로는 암음(暗陰)한 사람에게 많은 귀이다. 그러나 뾰족하더라도 귓살이 두꺼우면 그럴수록 운세도 좋아지고 자제심도 있게 된다.

가운데가 발달한 귀

자연스러운 curve(孤)를 그리고 있는 귀(①)와 모가 진 귀(②)의 두 가지가 있다. 다 같이 행동파이고 일에는 적극적으로 달라붙는 형이다.

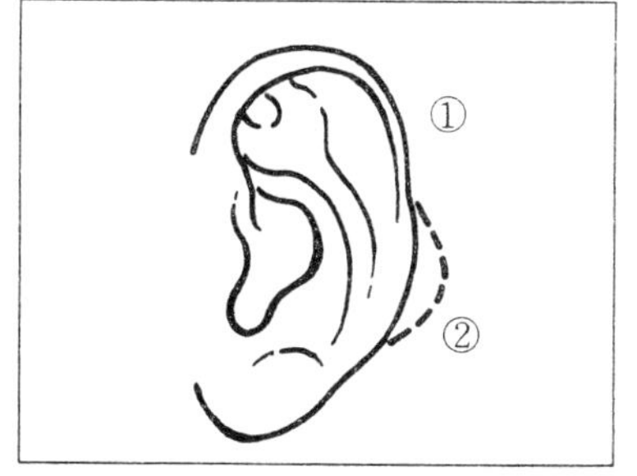

중부는 중년운을 나타내는 것인데 이러한 귀는 중년에서 운세의 꽃을 피우는 사람이다.

만약 중부가 발달하였고 귓볼도 풍부하면 아이디어맨으로서 실행력이 있어서 재산을 이룩한다.

①의 둥근 curve를 띠고 있는 귀는 자수성가할 것이다.

아래쪽이 발달한 귀

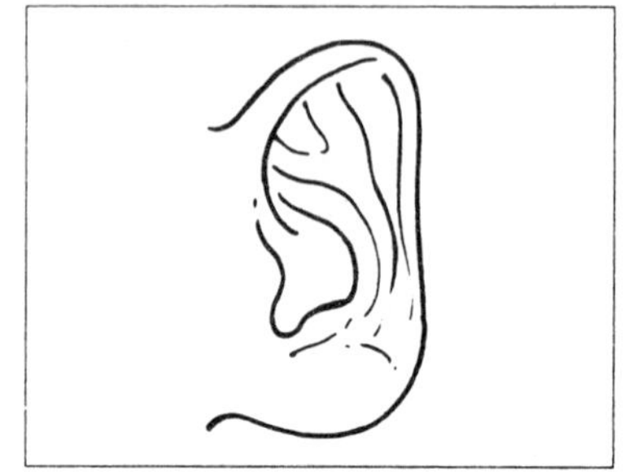

운세가 좋고 성격도 온화하며 남의 조력도 얻게 된다. 가령 상부가 빈약할지라도 귓볼이 풍부하면 반드시 만년에 가서는 행복해진다.

특히, 귓볼이 위쪽으로 걷어 올라간 것 같은 귀는 복분(福分)이 많은 사람이다. 반대로 뒤쪽으로 젖혀져 있는 귀는 복분이 적고, 수명도 짧다.

귀의 모양은 얼굴에 비례해서 귓살의 두께가 좋은 사람은 애정심이 있고 얼굴도 아래쪽이 부풀어 있는 형이 된다.

윤곽(귓바퀴)이 얇은 귀

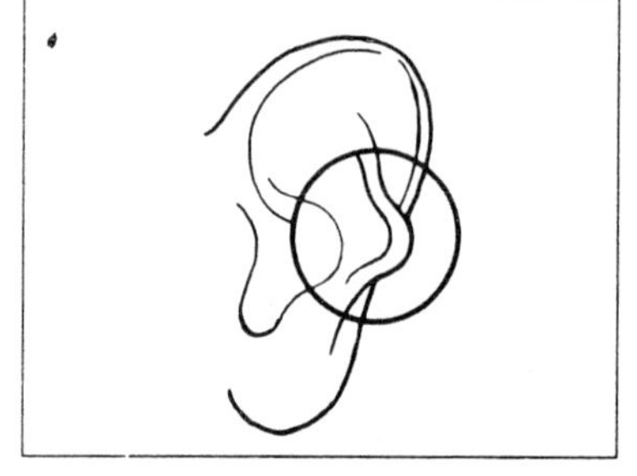

귀의 윤곽 부분은 가정, 유전 전반적인 운세에 관하여 보는 것이다. 그 부분의 귓살이 얇고 게다가 귓담이 거의 없는 사람은 가정운, 복분(福分) 모두 얇은 사람이다. 특히, 부모의 어느 한쪽과 연분이 엷고 또 배우자나 자녀들과의 연분도 좋지 않다. 적극성이 결여되고 보수적이며 색정으로 실패하기 쉬운 면도 있다. 특히 귀가 양쪽으로 벌어져 있으면 이러한 의미가 강해진다. 그림처럼 귓담이 튀어나와 있으면 기(氣)가 강하고, 주거도 안정되지 못한다.

귀 모양이 좋지 않은 귀

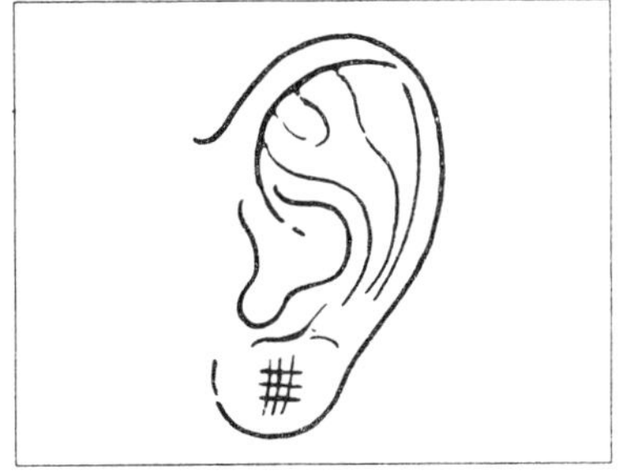

얼핏 보아서 토막 토막 잘려있는 것같이 보이는 귀, 귓살의 두꺼운 부분과 얇은 부분이 각각인 귀는 모두 가정운, 건강운이 나쁜 것을 나타낸다.

또 좌우의 귀가 대소가 균형을 이루지 못한 경우는 부모의 어느 한쪽에 연분이 없는 것을 나타낸다.

귓볼에 가로줄이 있는 경우는 장수상(長壽相)의 하나이다.

세로 두 세개 줄금이 있으면 화난(火難)의 상이라 일컫는다.

귀젖(耳弦)으로 보는 귀

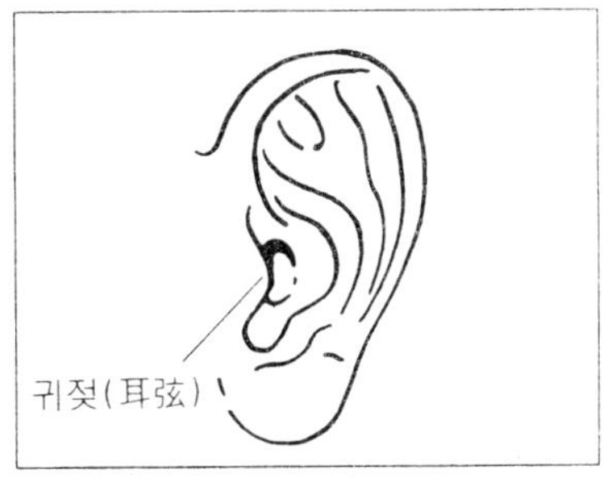

귀젖(耳弦)이란 귓구멍의 앞에 있는 삼각형의 돌귀(突起)이다. 눈과 같은 높이에 있는 것이 표준이다. 이보다 높은 위치에 있으면 성공상(成功相)의 하나로 크게 이름을 떨칠 사람이다.

눈의 위치보다 낮으면 머리의 회전이 약간 둔한 편이다.

크기는 본 느낌으로 적당한 것이 상상(上相)이다. 지나치게 크면 운도 나쁘고 글수똑 야무진 살림꾼이다.

반대로 지나치게 작은 귀젖인 사람은 교활하며 영리하다.

귀 구멍에 털이 나 있는 귀

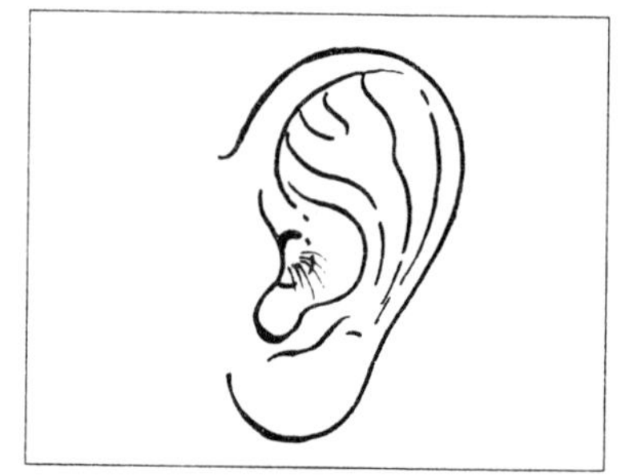

귓구멍에 털이 나 있고 밖에서도 보이는 것을 인상학(人相學)으로는 「이호(耳豪)」라 부른다.

젊어서 털이 눈에 띄는 사람도 있는가 하면 나이가 든 뒤에 두드러지는 사람도 있다. 35세 이전에 귓털이 나는 사람은 고집이 세고 편벽된 성격인 사람에게 많고 운세도 좋지 않으며 별로 장수하지 못한다.

35세 이후에 생기는 것은 상상(上相)의 하나이다.

털이 많을수록 운세도 좋고 나이와 더불어 번창해진다.

귀의 색깔과 광채

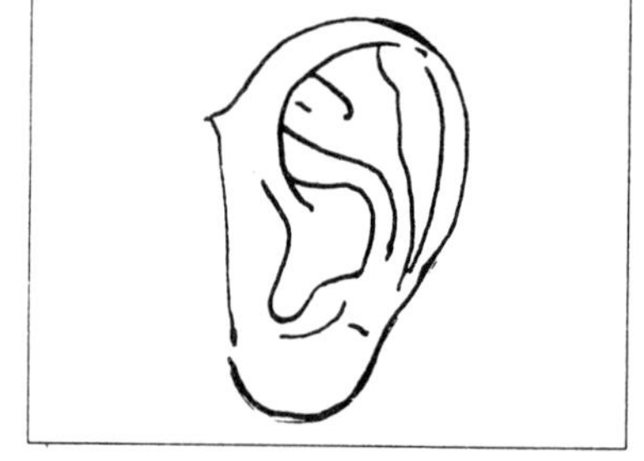

귀의 색깔과 광채는 그 사람의 그때 그때의 운세 및 건강 상태를 나타낸다. 약간 보라빛을 띤 아름다운 색깔이 가장 좋고 주로 광택의 상태를 본다.

안색보다 귀의 색깔이 좋은 사람은 서서히 운이 좋아지는 사람이다. 반대로 안색보다 귀의 색깔이 나쁜 사람은 현재는 성운(盛運)이지만 이윽고 운이 떨어지고 만다. 얼굴 색깔, 귀의 색깔이 다같이 좋은 사람은 성운(盛運)이 계속될 사람이다.

귀의 점

귀에 있는 점은 대체로 길상(吉相)이고 효성(孝誠)의 표징이라 한다. 귀의 겉쪽에 있는 점 가운데서 귓바퀴 부분의 천륜(天輪)부위에 있는 것(①)은 사람의 도리를 분별하는 사람, 인륜(人輪)부위에 있는 것(②)은 가정운이 좋은 사람, 지륜(地輪)부위에 있는 것(③)은 남을 도우는 선의의 점으로 자기도 복분(福分)을 받는다. 특히, 중앙에 있으면 대길(大吉)이다. 귓담의 안쪽에 있는 것(④)은 복분(福分)이 있는 표징이고 귀젖에 있는 것(⑤)은 두뇌의 명석과 발명적인 재능이 있다. 귓구멍에 있는 것(⑥)은 구멍속으로 들어가 있을수록 아무도 모르게 살며시 재산을 남긴다.

귀의 뒷면에 있는 점은(㉯ 그림) 귓뿌리 가까이에 있는 것(⑦)은 금전운이 있으나 그로 말미암아 도리어 복분이 멀어져 간다. 그것보다 위의 것(⑧)은 운세를 약하게 한다.

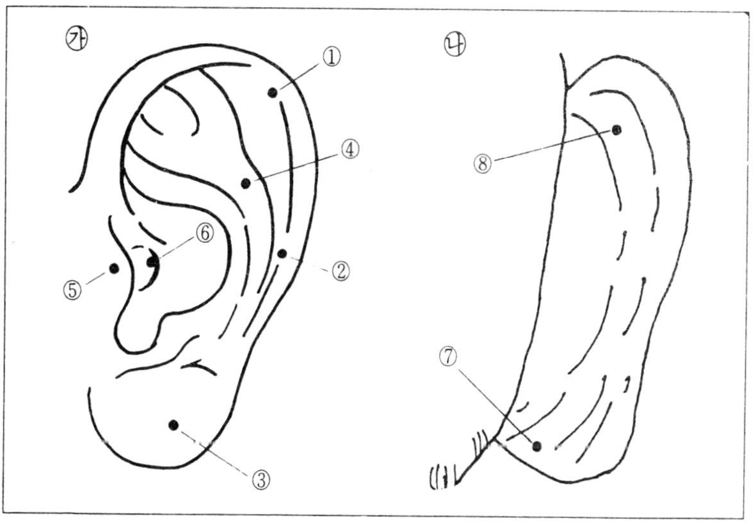

● 주름(紋理)을 보는 법

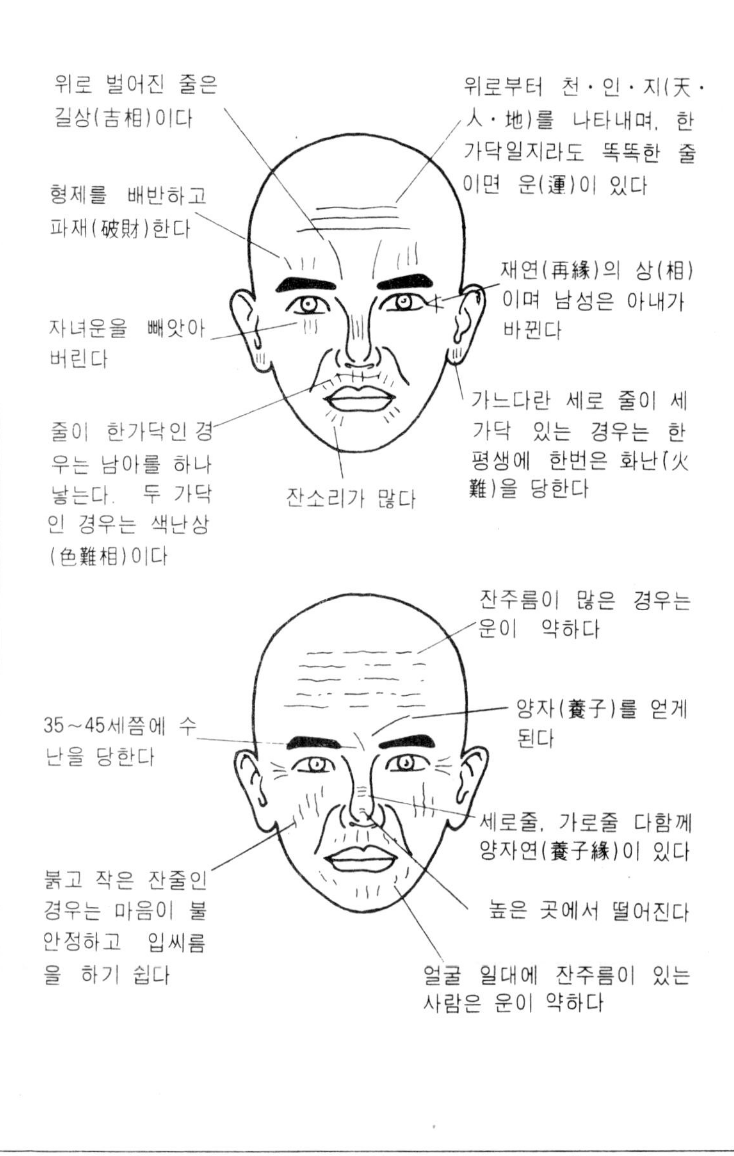
위로 벌어진 줄은 길상(吉相)이다
위로부터 천·인·지(天·人·地)를 나타내며, 한 가닥일지라도 똑똑한 줄이면 운(運)이 있다
형제를 배반하고 파재(破財)한다
재연(再緣)의 상(相)이며 남성은 아내가 바뀐다
자녀운을 빼앗아 버린다
가느다란 세로 줄이 세 가닥 있는 경우는 한 평생에 한번은 화난(火難)을 당한다
줄이 한가닥인 경우는 남아를 하나 낳는다. 두 가닥인 경우는 색난상(色難相)이다
잔소리가 많다
잔주름이 많은 경우는 운이 약하다
양자(養子)를 얻게 된다
35~45세쯤에 수난을 당한다
세로줄, 가로줄 다함께 양자연(養子緣)이 있다
붉고 작은 잔줄인 경우는 마음이 불안정하고 입씨름을 하기 쉽다
높은 곳에서 떨어진다
얼굴 일대에 잔주름이 있는 사람은 운이 약하다

4 장
각운(各運)의 인상

♥ 애정운(愛情運)

애정을 한 마디로 말하여 정신적인 것과 육체적인 것, 박애적(博愛的)인 것과 타산적(打算的)인 것 등 그 내용도 가지 가지이며 표현 방법도 또한 각양 각색이다.

애정운은 아랫턱, 입술, 코, 눈썹, 눈으로서 판단하고 부위에 따라 각각 표현하는 의미도 달라진다.

● 애정운을 보는 법

애정운을 보는 순서와 요점은 다음과 같다.

① 아랫턱 — 본능적인 사랑

먼저 아랫턱을 보고 본능적으로 남을 사랑하는 마음이 어

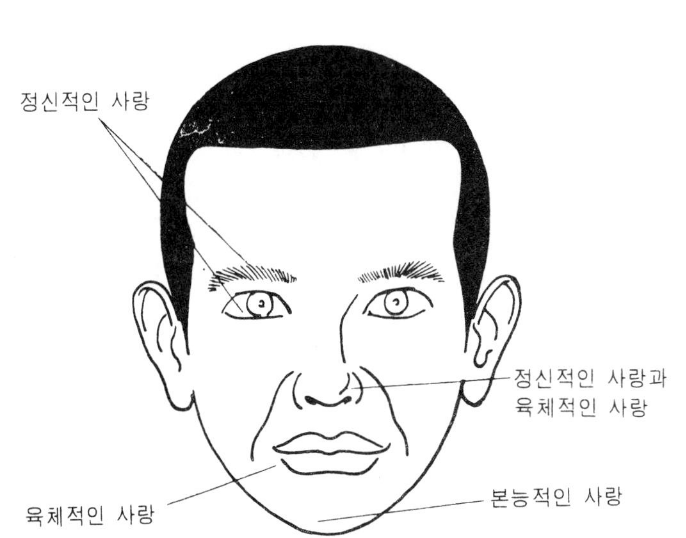

느정도 있는가를 판단한다. 아랫턱이 나타내는 사랑은 누구는 좋고 누구는 싫다는 개별적인 것이 아니라 보다 크고 그 사람이 지니고 있는 본질적인 애정에 대한 자세이다.

정신적인 사랑은 물론 육체적인 것도 모두 포함된 것이다. 어떤 의미로는 맹목적인 사랑이라고도 또는 동물적인 사랑이라고도 할 수 있다.

두겹의 턱같이 부풀어 있는 아랫턱은 대범한 애정의 소유주로서 때로는 박애주의적인 애정을 나타내게 된다.

② 입술 — 육체적인 사랑

입술, 특히 그 두께와 모양에서 섹스에 관하여 농후형(濃厚型)이냐 담백형(淡白型)이냐를 알 수 있다. 입술이 두꺼울수록 철저하게 집착하는 타입이며 그로써 섹스의 상성이나 그 사람이 사랑을 주는 것인가 구하게 되는 것인가를 판단한다.

③ 코 — 정신적인 사랑과 육체적인 사랑

먼저 코 전체의 모양, 맺힌 정도에 따라서 육체적인 사랑 즉 섹스의 강도를 알 수 있다.

다음에 코끝(準頭)의 모양으로 정신적인 사랑의 깊이를 본다. 둥글고 살집이 남짓하고 광택이 있을수록 마음이 따뜻한 애정의 소유주이다. 반대로 끝이 뾰족하게 가늘어져 있을수록 타산이나 냉담성이 가미된다.

④ 눈썹, 눈 — 정신적인 사랑

눈썹으로는 그 사람의 부드러움, 성격을 보고 끝으로 눈으로는 그때 상대가 당신에 대하여 어떠한 감정을 지니고 있는가를 판단한다.

마음이 온화하고 애정이 풍부하고 상대의 사소한데 까지 마음쓰임이 미치고 위로해주는 사람의 눈썹은 초생달형이고 눈썹의 털이 가지런히 나 있는 모양도 좋고 또 눈을 보더라도 애정을 담고 있는 것을 쉽게 알 수 있는 것이다.

♥ 여성으로서 연인(戀人)이 쉽게 생길 인상

① **둥글고 작은 얼굴.** 누구에게나 귀여움을 받는다.

② **측면 凸형이거나 아랫턱이 모진 형으로 살집이 있다.** 적극적으로 좋아하는 형이다. 연인이 생기기 쉽다기 보다도 자기가 만드는 사람이다.

③ **약간 작고 두꺼운 입술.** 육감적이어서 남성은 문득 껴안고 싶어지는 느낌이 있다. 또 이같은 입술로서 약간 벌어진듯한 사람은 마음에 빈틈이 있고 남성이 쉽게 접근하기 좋을 것같은 인상을 준다.

측면(側面)凸형은 적극적이다

④ **약간 낮은 코.** 호인형이고 친하기 쉬운 사람이다.

⑤ **눈썹과 눈 사이가 넓다.** 이성운(異性運)이 좋은 사람이다.

⑥ **몹시 작고 기세가 약한 눈, 둥근 눈, 속눈썹이 긴 눈.** 어느 것이나 호기심이 강하고 연애를 동경함과 동시에 눈으로 사랑을 구하거나 사랑을 호소하거나 한다.

⑦ **눈썹 꼬리의 위쪽이나 입 주위의 점.** 이른바 애정점으로 연애를 하기 쉽겠으나 기만당하기 쉬운 까닭에 실연도 또한 많이 당할 사람이다.

♥ 남성으로서 연인(戀人)이 쉽게 생길 인상

① **얼굴은 모난형, 똑똑한 코.** 적극적이며 행동력이 있고 믿

음직한 사람이다. 자기 스스로가 공격해 나간다.

② **얼굴은 둥근형, 온화한 눈.** 남을 거슬리지 않는 사교성과 따뜻함을 느끼게 하는 사람됨을 구비하고 있다.

③ **두껍고 걷어올린 것 같은 입술.** 누구와도 다정하게 되고 적극적이며 자기를 내세우는 것도 능란하며 육감적인 데도 있다.

④ **약간 굵고, 조금 curve를 그린 눈썹.** 여성으로부터 의지할만 하다고 보인다.

걷어 올린 것처럼 된 입술은 육감적

♥ 연인(戀人)이 생기기 힘드는 인상

남녀 다같이 다음과 같은 특징이 있다.

① **극단적인 역삼각형의 얼굴.** 이성이 너무 강해서 한발자국을 내어 디디지 못한다.

② **측면이 凹형.** 음산한 무드 또 소극성 때문에 연인이 생기기 힘들다. 그러나 무슨 계기로 사람이 놀랄만큼 과단성 있는 연애를 할 가능성이 있다.

③ **얇은 입술.** 냉담한 성격에다 의지가 강하여 경원되기 쉽다.

④ **가느다랗고 힘이 없는 코.** 병약하고 무엇에나 너무 소극적이다.

⑤ **단층진 코.** 무슨 일에나 돋보이기 싫어하고 자기 주장이

강하고 상대의 말을 잘 듣지 않으므로 더 친근해지지 못한다.

구애하는 연애와 구애를 받는 연애

♥ 연애결혼형(戀愛結婚型)의 인상

스스로 구애(求愛)를 하는 사람과 상대로부터 구애(求愛)를 받는 사람이 있고 당연히 인상도 차이가 있다.

① **둥근 아래턱, 특히 두겹턱.** 따뜻한 성격으로 구애를 받아 연애 결혼을 한다.

② **살집이 풍성한 광대뼈.** 밝은 성격으로 먼저 구혼한다. 가정도 명랑해진다.

③ **네모난 형의 얼굴.** 앞장 서는 리드형이며 강인하게 결혼하는 타입이다. 부부함께 이 형이라면 티격 태격이 일어나기 쉽다. 활동형의 가정이 된다.

④ **두꺼운 입술.** 윗 입술이 두꺼운 경우는 구애하는 사람, 아랫 입술이 두꺼운 경우는 구애를 받게 되기를 기다리는 사람

이다. 다같이 달콤한 가정을 이룩한다.

♥ 맞선 결혼형의 인상

맞선 결혼형

① **귀가 벌어지고 있다.** 사서 고생하는 경향이 많고, 연애를 할 담력이 없다.

② **이마가 넓고 너무 고른 미인.** 접근하기 힘든 느낌을 준다. 또 이마가 넓으면 두뇌가 너무나 명석한 까닭에 자존심이 지나치게 높다. 그래서 자기가 조건을 제시하고 적합한 상대를 선택한다.

③ **높은 코.** 경쟁심, 자의식(自意識)이 높은 까닭에 이상이 높고 따라서 연애를 하기에 적합하지 않다. 특히 코의 폭이 좁고 깎여 있듯이 높은 코의 사람은 자연히 맞선 결혼을 하게 된다.

④ **좁은 이마.** 고독상(孤獨相)의 하나로 교제가 서툴다.

♥ 정열형의 인상

한 순간의 사랑에 모든 것을 거는 정열, 그것은 정신적인 것과 육체적인 것으로 구분된다.

정신적인 정열을 불태우는 형의 인상은 역삼각형의 얼굴, 진한 눈썹, 높고 넓은 이마의 소유자이다. 눈썹이 진하게 직선인 것이 돋보이고 친구들도 놀랄 정도의 정열을 쏟지만 결혼 후는 그 열도 식어서 자기의 울타리 안에 움추리고 만다.

한편 육체적인 정열형의 인상은 다음과 같다.

① **약간 굵은 일자형 눈썹.** 정열이 강할수록 눈썹이 일직선으로 되며 진하고 굵게 된다. 눈썹은 그때 그때의 감정을 나타내며 외골로 생각에 잠길때면 옆에서 볼 경우 털이 서있는 것이다.

환대문은 즐거움을 기다리는 일

② **얼굴은 네모진 형이고, 이마에는 주름**(紋理). 정열과 함께 행동력도 있는 사람이다. 살이 두꺼울수록 피부가 거칠수록 주름이 잡히기 쉽다.

③ **코 끝이 둥글고, 콧망울이 야무지게 돋보인다.** 적극적인 정열가이다.

④ **가느다란 세로줄이 난 입술.** 입술에 난 가느다란 세로줄을 환대문(歡待紋)이라 하는데, 이름 그대로 환희를 기다리는 문(紋)이다. 정열가며 섹스의 감도가 좋다.

⑤ **속눈썹이 길고 둥글며 큰 눈.** 속눈썹은 길수록 다정 다감하고 섹스의 감도가 좋음을 나타낸다. 둥글고 큰 눈은 뜨거워지기 쉽고 식기 쉬운 성격으로 가열되면 정열적으로 돌진해 간다.

⑥ **가느다란 눈.** 셈이 많고 그것이 정열적으로 보인다. 다만 이 정열은 상대를 자기에게로 당기기 위한 것일뿐 오래 가지 않는다.

♥ 한 눈에 반하기 쉬운 인상

한 눈에 반하기 쉬운 사람은 감수성이 강하고 다소간 경솔한 성격의 소유자라 하겠다. 한 눈에 반하여 나타나는 행동은 삼형질(三形質)에 따라 차이가 있다. 즉 네모진 형의 사람이라면 적극적으로 돌진해 갈 것이며, 둥근형이면 메어 달릴 것이고, 역삼각형이면 살며시 접근하여 사랑을 표시한다.

꿈꾸는 듯한 눈과 벌어진 입술

① **약간 밖으로 튀어나온 큰 눈**. 인상학에서는 경안(輕眼)이라 하는데 마음이 경박하고 개방적이라는 말이다. 그러므로 한눈에 반하기 쉬운 것이다.

② **꿈꾸듯 한 눈**. 인상학에서는 도화눈(桃花眼)이라 한다. 안약을 방금 넣은듯 물기가 촉촉하면서 빛나는 눈은 동경하는 눈, 꿈꾸는 듯한 눈으로서 이성을 갈구하고 있을 때 이렇게 된다.

③ **살며시 벌어진 입술**. 마음이 야무지지 못하여 상대의 분위기에 휩싸여 한 눈에 반해버린 것처럼 된다.

♥ 자청형의 인상

일반적으로 적극적 정열적인 사람으로 그것이 행동화하면 결과적으로 생떼를 쓰다시피 결혼해 버리는 자청 아내형이 된다.

① **측면이 凹형**. 적극적인 편은 아니지만 말(話)이 적고 끈덕지게 달라 붙어 목적을 달성하고 만다.

② **아랫턱이 야무지다**. 억지로 밀어 붙이는 사람이다.

애정지대가 행복한 사랑의 조건

③ 머리털이 거칠고 세다. 자기가 하고 싶은 것은 거침없이 자유분망하게 해치우는 형이며 반해버리면 물불 가리지 않고 행동으로 옮긴다.

④ 입술이 두껍고 크다. 이성이나 가정에 대한 동경(憧憬)이 강하고 실행력도 수반하고 있다. 적극적이지만 밉살스럽지 않다.

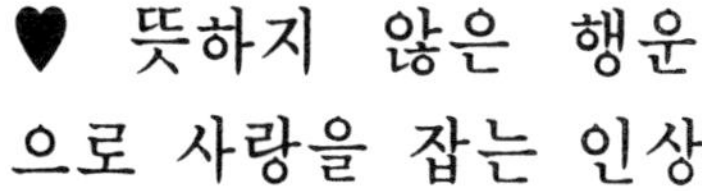

♥ 뜻하지 않은 행운으로 사랑을 잡는 인상

뜻하지 않은 행운을 잡게 되려면 종합적으로 좋은 인상이 아니면 안된다. 눈썹과 눈의 일대(애정 지대)가 예쁘고 흠이나 점이 없는 조건을 갖추어야 한다.

♥ 사랑에 빠지기 쉬운 인상

사랑에 빠지기 쉬운 사람은 이성운(異性運)이 나쁜 사람이다.

① 아래로 처진 눈썹이나 눈. 눈이나 눈썹의 어느 것이나 양쪽이 다같이 아래로 처져있는 사람은 이성에 대하여 반해버리거나 속아 넘어가기 쉽다.

② 미간(眉間)이 너무 넓다. 맹목적으로 상대에게 반해서 전력 투구해 버리는 형이다.

③ 애정 지대의 점이나 흠. 사랑에 장애가 일어나기 쉬운 형이나 좌절하지 않으면 장애운을 극복할 수 있게 된다.

♥ 정력이 왕성한 인상

납작코는 호색가(好色家)

건강이 첫째 조건이겠지만 야무지게 깡마른 편이고 역삼각형인 사람 중에 의외로 강한 사람이 많다.

① **야무지며 귓살이 두꺼운 귀.** 정력 왕성하다. 귀의 대소(大小)에는 무관하다.

② **콧망울이 야무지다.** 콧김이 세다는 말도 있지만 섹스에 강하고 거칠게 육박해간다.

③ **납작한 코.** 섹스의 지속성이 있는 이른바 호색가이다.

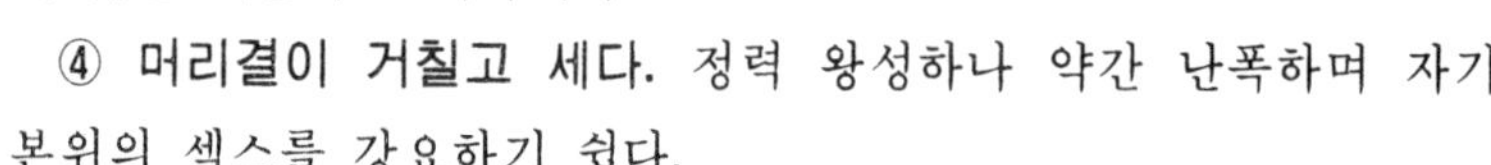

④ **머리결이 거칠고 세다.** 정력 왕성하나 약간 난폭하며 자기 본위의 섹스를 강요하기 쉽다.

♥ 엽색가(獵色家)의 인상

① **미두(眉頭)가 올라간 일직선인 눈썹으로, 눈썹털이 진하고 색깔도 검다.** 언동에 책임을 느끼지 않고 행동도 재빠른 것이 특징이다. 이기적 타산을 위해서는 남의 가려운 곳을 긁어줄 수 있을만큼 눈치 빠른데가 있다.

② **눈머리의 흠.** 좌우의 눈머리에 흠이 있는 사람은 선천적으로 여성을 불행하게 만들기 쉬운 사람이다.

③ **폭이 좁고 높은 코.** 인정미가 박한 사람이다. 이렇게 생긴 코로 미두(眉頭)가 치켜 올라 있거나 눈초리가 날카로우면 더욱 엽색가의 의미나 여성을 불행하게 하는 의미가 가중한다.

♥ 영락없이 맞추는 결혼 상대자

● 상대가 봉급생활자라면……

봉급생활자가 출세하는냐 못하느냐를 보는 첫째 포인트는 이마이다. 상사(上司)로부터의 인도(引導) 유무(有無)를 나타내며, 거기에 흠이나 점이 있거나 광택이 나쁘거나 하면 우선 출세는 난망(難望)이다.

둘째의 포인트는 눈썹이다. 그 사람의 능력을 나타낸다. 눈썹이 잘 생겨야 한다는 것이 가장 중요하다.

세째의 포인트는 귀다. 그 사람의 정력을 나타낸다. 적당하게 귓살이 붙고 단단하여야 한다. 동시에 코가 야무져야 한다.

얼굴

실무방향에 적합하다

영업방향에 적합하다

이마

양쪽이 벗거져 올라가도 좋고, 흠이나 점이 없어야 한다

눈썹

약간 curve를 그리며 눈보다 약간 길다. 알맞게 굵으며 눈썹꼬리까지 같은 굵기거나 약간 가늘 것

눈

유순하고 약간 길쭉할 것

코

표준일 것. 그리고 준두(準頭), 콧망울이 야무질 것

인중

약간 아랫쪽으로 내려갈수록 넓어지고 너무 깊지 않을 것

입

맺힘이 좋고 입술이 지나치게 두껍지 않다

법령

줄이 깊지 않으며, 알맞게 넓어지고 있다

아랫턱

살집이 남짓하고 완만한 curve를 그리고 있다

귀

살집이 풍부하고 귓담이 귓바퀴와 동일선상 정도까지 발달하고 있다

● 상대(相對)가 자영업자(自營業者)라면

상점을 경영하고 있거나 자유직업을 가지고 있는 사람이 성공하느냐를 보는 첫째의 포인트는 광대뼈이다. 내부적으로는 인내력이나 기력(氣力), 외부적으로는 세평(世評)을 나타내는 것이므로 여기가 보기 좋아야 한다.

둘째의 포인트는 코, 폭넓게 육중한 코가 좋으며, 가느다랗고 높은 코인 사람은 장사에는 부적합하다.

세째의 포인트는 눈, 가느다란 눈은 앞을 내다보는 힘이 있으며, 약간 튀어나온 눈인 사람은 기회 포착에 능란하다.

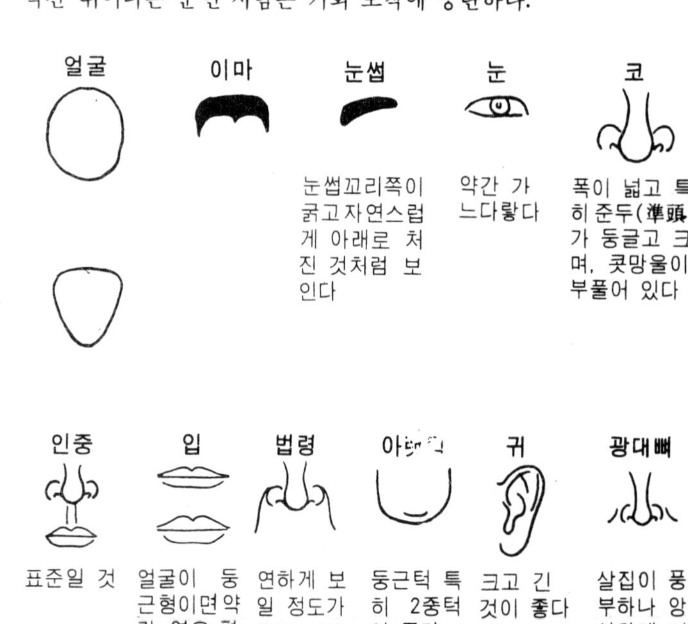

回 성 격(性格)

곧잘 그 사람은 마음이 좋다. 또는 성미가 강하다라고 평을 하는데 성격을 분석하면 누구나 그 사람이 타고난 선천적인 것과 후천적인 것으로 대별된다. 그리고 그것들이 복잡하게 얽히고 설키고 해서 사람의 성격을 형성하는 것임을 알 수 있다.

선천적인 것이란 그 사람이 지닌 본질적인 성격이다. 중대한 기로에 서게 되거나 몸에 위험이 닥치거나 또는 어떤 다른 계기에 의하여 불쑥 나타나는 것이다.

한편 후천적인 것은 사회생활을 영위해가는 과정에서 여러 가지 제약이나 수양에 의하여 형성되는 표면적인 성격을 말한다.

● 성격을 보는 법

내면적인 성격 — 제 1 의 경우

입체 복합(立體複合)에 의하여 얼굴을 귀의 선으로 잘랐을 때 이것이 그 사람의 내면적인 성격을 나타낸다.

일상적인 태도 — 제2의 경우

그 사람의 생활 환경에 의하여 본질적인 것과 비슷할만큼 확립된 성격을 나타낸다.

이를테면 역삼각형에다가 둥근형이 겹친듯한 사람이면 일상생활에 있어서의 태도는 능란한 사교술로 원망할 것이다. 그런데 다소간에 언짢은 일에 부딪히면 내면의 역삼각형이 나타나서 음험해진다.

얼굴의 각 부위 — 후천적인 성격

귀 — 성격의 강·약

눈썹 — 성격의 완·만(緩慢)

코 — 성격의 강·약

입 — 마음의 온·냉(溫冷), 마음의 광·협(廣挾)

눈 — 모든 것의 종합적 판단

이를테면 바탕이 역삼각형(비사교적)인 경우일지라도 얼굴의 어느 부위일지라도 한 곳에 사교적인 형의 조건이 있다면 평소는 사교적이고 대인관계가 좋다고 할 수 있다.

그러나 본질적으로는 비사교적인 형이므로 이해관계에 부딪히면 최종적으로는 본래의 냉담성이 노출되어 평소의 태도나 언행에 비추어 기만을 당한 느낌을 준다.

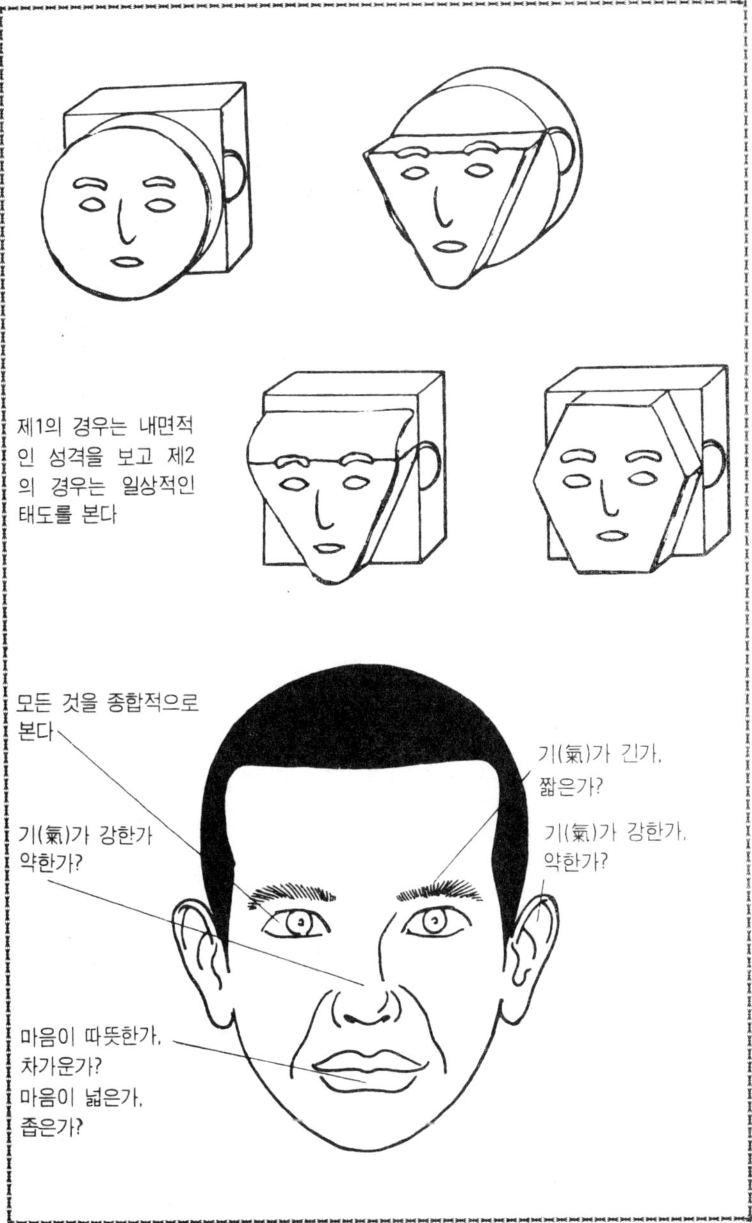
제1의 경우는 내면적 인 성격을 보고 제2 의 경우는 일상적인 태도를 본다
모든 것을 종합적으로 본다
기(氣)가 긴가, 짧은가?
기(氣)가 강한가 약한가?
기(氣)가 강한가, 약한가?
마음이 따뜻한가, 차가운가?
마음이 넓은가, 좁은가?

◎ 사교적인 형의 인상

명랑하고 대인관계가 좋으며 인정미가 있고 부드러운 분위기가 감도는 것이어야 한다.

① **첫째의 바탕(둥근형)** 본질적으로 명랑하고 인정미가 있는 사람이다. 그 위에 겹치는 형도 둥근형 이거나 네모진 형이 그 조건이다.

사귀기 쉬운 사교형의 타입

둥근 형에 네모진 형이 겹친 사람은 따뜻한 인정미에 곁들여 활달한 실행력이 있고 사교적이며 믿음직한 사람이다.

② **둥근 귀로 귓담이 낮다.** 온화하고 남을 내세우면서도 거슬리지 않는 이른바 남의 이야기에 귀를 기울이는 사람이다.

③ **약간 상향이고 콧구멍이 조금 크고, 선단이 둥근 코** 마음에 가시가 없고, 특히 코끝(準頭)이 둥근 사람이라면 친근하기 쉬운 사람이다.

④ **미간(眉間)이 넓고, 약간 아래로 처진 눈썹** 미간이 넓은 사람은 성격이 느슨하고 사소한 일에 구애되지 않는다. 아래로 처진 눈썹은 그 성격을 더욱 배가한다.

⑤ **입이 크고, 입술이 두껍다** 큰 입은 말이 많고 다변 호언장담하는 형이지만 입술의 두께에 의해서 그것이 남에게 매력을 풍기게 하는 결과가 된다.

▣ 비사교적인 형의 인상

① **기본 바탕이 역삼각형인 경우이다.**

② **가늘고 약간 위로 치켜오른 눈썹.** 두뇌가 명석하겠지만 냉정성이 있는 사람이다. 가느다란 눈썹은 자기 본위로 육친(肉親) 또는 다른 사람과의 왕래가 적은 것을 나타내며 눈썹이 위로 치켜오른 눈썹이 그 성격을 강하게 표징하는 것이다.

③ **높고 얇고 작은 코.** 마음이 좁고, 냉담한 감정의 소유주이다. 고집 센 곳이 있기 때문에 주위에서 고립하기 쉬운 사람이다.

④ **작은 입.** 비사교적인 성격에 곁들여 고독을 즐기는 형이다.

▣ 신경질적인 형의 인상

기본적으로는 전항(前項)의 비사교적인 형과 같은 특징이 있다.

① **기본 바탕이 역삼각형인 경우이다.**

② **얇고 역삼각형이며 귓담이 없는 귀.** 내향적인 형으로 델리키트한 성격의 소유자이다.

③ **미간에 줄.** 미간에 외가닥 줄(縣針紋)이나 八자형의 줄이 있다.

▣ 호방(豪放)한 형의 인상

인생에 대한 강인함, 분주하지 않는 대범함, 풍부한 애정을 아울러 갖추고 있는 사람이다.

① **제 1 바탕이 네모진 형.** 내면에 근골질을 지니는 것이 호방한 형의 첫째 조건이다.

② **제 2 바탕이 둥근 형.** 남의 기분을 상하게 하지 않는 영양질 특유의 성격으로서 네모진 형의 위에 겹쳐 있어야 하는 것이 보다 필요한 조건이다.

두꺼운 피부가 호방 타입의 조건

메부리 코는 금전욕이 강하다

③ **굵고 진한 눈썹.** 마음이 소탈하고 재미있는 면이 있고 유머를 이해한다.

④ **크게 벌린 입.** 웃으면 주먹이 들어갈 만큼 큰 입의 소유주는 청탁을 불사하고 마시는 형이다.

⑤ **두꺼운 피부.** 보기에도 조야(粗野)한 느낌을 준다. 피부가 얇은 사람은 ①~④의 특징이 있을지라도 참된 호방형이라고는 할 수 없다.

回 태평한 사람의 인상

악기(惡氣)가 없는 사람이지만 남에게 무엇을 빌려도 그만 잊어버리고 마는 느슨한 데가 있다.

① **둥근형으로 미간이 넓고 볼의 살집이 풍부하다.**

② **빈대코.**

③ **야무지지 못한 피부.**

▣ 인색한 형의 인상

① **역삼각형의 얼굴.** 머리가 좋은 사람이 많고, 모두 치밀한 계산에 의하여 움직인다.

② **살집이 얇은 메부리코.** 선천적으로 금전욕이 강한 사람이다.

③ **얇은 입술, 젖혀오른 턱, 얇은 피부.** 어느 것이나 남들과의 교제가 그렇게 능란하지 못한 사람으로서 한 번 손에 잡은 것을 놓칠 때는 고통을 느낄만큼 금전욕이 강한 사람이다. 말하자면 수전노(守錢奴)형이고 인색한 탓으로 조그마한 재물은 남긴다.

▣ 리더에 적합한 인상

① **제 1 바탕이 네모진 형이고 제 2 바탕은 하정부위(下停部位)가 둥근형.**

② **굵고 진한 一자형 눈썹.** 격렬한 기성(氣性)과 치밀한 사고능력을 나타낸다.

③ **옆으로 퍼진 형으로 야무진 코.** 기분이 느슨하고 웬만한 일로는 맥이 빠지지 않는 강점을 지니고 있다.

④ **아랫 부위가 부풀어 있는 형의 하정(下亭).** 부하운이 좋은 뿐만 아니라 뭐 이쯤이야 하는 근성, 저력을 지니고 있는 사람이다.

⑤ **입이 크고 야무지다.** 강한 의지력과 끈덕진 분발심을 나타낸다.

▣ 아이디어맨의 인상

① **넓고 높은 이마.** 지성을 나타내는 이마가 넓고 높은 것이 무엇보다 첫번째의 조건이다.

② **이마의 양끝이 위로 벗겨졌다.** 추리능력 및 직관력이 뛰어나다.

③ **부드럽고 많이 늘어져 있는 눈썹 꼬리.** 눈썹의 털이 치밀하게

무생(茂生)하고 있는 것이 조건이다. 털이 굵고 가지런하지 않을수록 머리를 쓰는 것이 질색이다.

이상의 인상에다가 둥근형의 사람이라면 아이디어를 살려서 재산을 형성하고 사업가가 된다. 역삼각형이라면 아이디어가 있을지라도 실행해 나가는 것이 어려우며 발명가로 끝나기 쉽다.

조력하는 사람으로서 둥근형이고 이마가 낮고 옆폭이 넓은 사람을 얻게 되면 좋을 것이다.

이마가 아이디어의 포인트

回 히스테리형의 인상

이른바 『선이 가느다란』 사람이 히스테리형이 되기 쉽다.

다음과 같은 특징에다가 위로 치켜오른 눈썹으로 눈썹 머리(眉頭)의 털이 항상 쭈뼛하게 서 있는 사람, 눈이나 귀가 네모진 느낌을 주며 특히 위로 치켜 올라간 눈으로 날카로움을 지니고 있는 사람은 질투심이 강하고 히스테리를 일으키기 쉬운 바탕이 있는 것이다.

① **제 1, 제 2 바탕이 다같이 역삼각형.**

② **콧대가 날카롭다.** 조력자를 얻는 것이 어려운 성격이며 안절부절하여 히스테리형으로 된다.

③ **작고 얇은 입술.** 생각하는 바가 좁아서 곧잘 안절부절 한다.

④ 검은 자위가 크다. 어떤 모양의 눈일지라도 검은자위가 크면 감정의 변덕이 심하다.

◎ 재 운(財運)

재운을 보는 경우 점(占)으로는 부동산적인 재운과 현금적인 재운으로 나누어 본다.

부동산적이란 땅, 가옥 등은 말할 것도 없고 『재』를 형성할 수 있는 단위가 큰 돈도 포함한다.

현금적이란 일상 생활 속에서의 금전의 회전이 좋거나 일정한 수입 상태 등 생활비가 될 수 있는 것을 가리킨다.

재운이 있다고 할지라도 누워 있는 입에 홍시가 떨어지는 것같은 행운은 지극히 드물다. 보통으로는 그 사람의 성격이 커다란 무게를 차지한다.

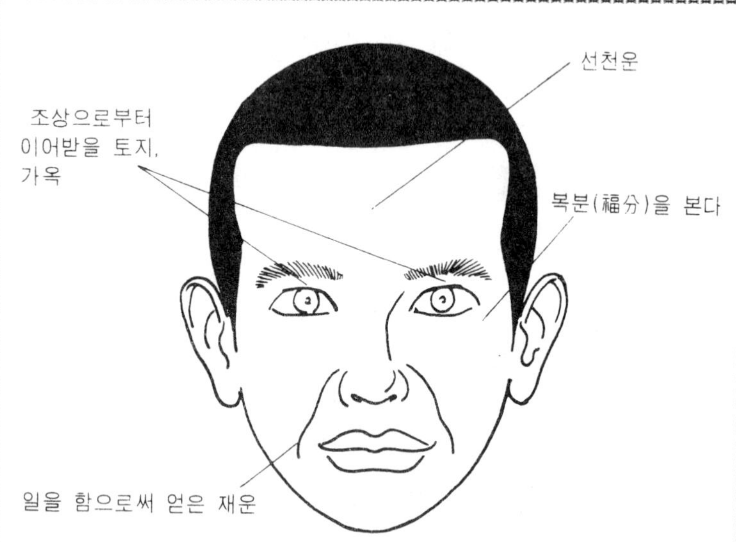

● 부동산적인 재운을 보는 법

피부 — 복분(福分)을 본다

피부가 두꺼울 것—그것이 재운이 좋은 최대의 조건이다. 달리 좋은 부분이 있다고 할지라도 피부가 얇으면 재산을 유지하거나 그것을 자손에게 남겨 줄 수 없다. 피부의 두께는 복분(福分)에 비례하는 것이다.

피부의 두께를 보는 눈대중은 이마에 생긴 주름이다. 세 가닥의 주름이 뚜렷하게 새겨져 있는 것이 최상이며, 피부가 얇으면 주름도 토막 토막 잘리고 만다.

이마 — 하늘로부터의 은혜

이마는 하늘이 준 재운을 보는 곳이며 피부의 두께에 가미하여 양쪽의 살집이 좋고 부풀어 있는 것이 중요한 요건이다. 물론 흠이나 점이 있다면 그만큼 운이 떨어진다.

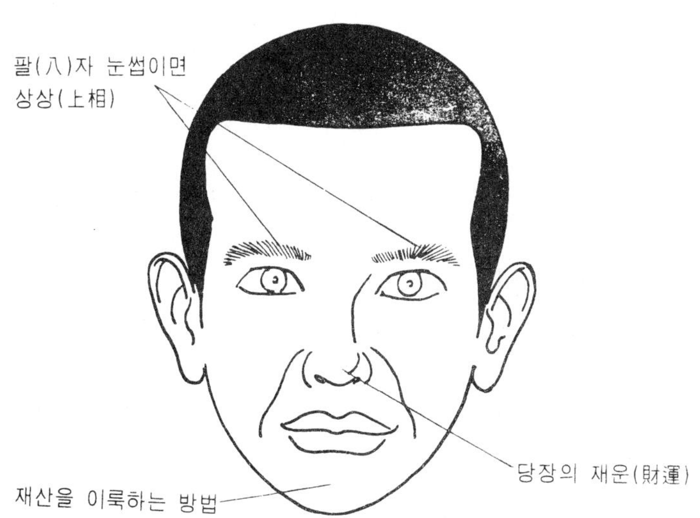

전택(田宅) － **조상으로부터 이어받은 땅, 가옥**

전택(田宅)이란 눈썹과 눈의 사이이며 문자 그대로 「田」과 택지(宅地)를 나타낸다. 아름다운 광택이나 흠 또는 주름이 없고 살집이 야무진 것을 상상(上相)으로 보며 조상으로부터의 재산을 이어받을 수 있다.

이마가 큰 재산을 나타내는데 반하여 전택(田宅)은 생활을 주로한 재운을 보는 것이라 할 수 있다.

법령(法令) － **일을 통해서 얻는 재운**(財運)

법령은 직업운을 나타냄과 동시에 일을 함으로써 얻는 재운을 나타낸다. 끝이 벌어지면서 넓은 법령의 사람은 손 넓게 상업을 영위하여 재산을 이룩한다.

또 법령에 의하여 에워 싸인 입의 주변을 식록(食祿)이라 부르며 주거운이나 재운을 보는 곳이다. 식록(食祿)이 넓을수록 큰집에 살며 자산(資産)이 있는 것으로 볼 수 있다.

● 현금적인 재운(財運)을 보는 법

코 — 당장의 재운

코는 인상학에서 재백궁(財帛宮)이라 부르며, 당장의 재운을 보는 중요한 포인트이다. 폭이 넓고 특히 콧망울의 살집이 좋고 야무진 것이 상상(上相)이다.

대체적으로 재운이 있는 사람의 코는 펑퍼짐한 납작코인 경우가 많다. 이에 곁들여 살집과 단정함이 중요하며 그런 형의 코는 반드시 윤기가 있다. 또 코의 폭은 원조자가 있는 것과 본인의 끈기를 나타내며 넓으면 그로 인하여 재운이 열린다.

아랫턱 — 재산을 이룩하는 방법

어떻게 하여 재산을 이룩하느냐 하는 방법을 보는 곳이다. 코가 제아무리 인상학적으로 잘 생겼다고 할지라도 아랫턱이 풍부하지 못하면 수전노적(守錢奴的)인 테두리를 벗어날 수 없으며 외골로 금전을 쫓을뿐 뿌리박힌 자산이 될 수 없다.

눈썹 — 八자 눈썹이 상상(上相)

팔자형(八字型)의 눈썹인 사람은 금전을 다루는 솜씨가 능란하여 이(利)로 이(利)를 낳게 하는 명인이다. 이 눈썹으로서 폭이 넓고 눈썹꼬리가 늘어져 있으면 어떤 의미로는 이러지도 저러지도 못하는 사람이겠지만 그것이 또한 재운을 타는 힘이 된다. 재계(財界)에서 성공하기 위한 필수 조건의 하나이다.

◎ 대부호(大富豪)가 될 인상

재운과 관련된 상상(上相)이 고루 갖추어져 있다면 이것은 두말없이 대부호가 되는 것을 뜻한다. 다만 다음에 기술하는 요건 중 몇 가지가 갖추어져 있는 경우에는 그 수에 의하여 재운의 좋고 나쁨을 점칠 수 있을 뿐만 아니라 고루 갖추어져 있는 요건에 의하여 얻어지는 돈의 성질을 알 수 있다.

해외 자산을 나타내는 이마

다시 말하면 무리를 하지 않을지라도 자연스럽게 재산이 모아지는 사람인가, 혹은 남의 원한을 사지 않으면 모을 수 없는 사람인가 하는 것 등, 부분을 종합하는 것으로 판단할 수 있는 것이다.

① **제 1 바탕이 네모진 형.** 여기에다 피부가 두꺼운 것이 또한 조건이 되며 어떠한 곤란에 부딪치더라도 눈썹 하나 까딱하지 않는 근성과 실행력이 있다.

② **제 2 바탕이 둥근형.** 인화성(人和性)이 있고 능란한 사교술이 재운을 타게 됨과 동시에 부드러운 느낌이 남에게 좋은 인상을 준다. 제2바탕도 네모진 모양이라면 지나치게 모가 나서 조화가 이루어지지 않으며 서울나기가 되어 재산을 이룩하지 못한다.

③ **크고 두께가 있는 이마.** 이마가 느슨하게 curve(孤)를 그

리고 있으며 양끝이 아름다워야 한다는 것이 조건이다. 이마는 부동산운과 함께 원격지의 재산(해외 자산 등)운을 나타낸다. 여기가 가지런한 것이 중요한 조건의 하나이다.

④ **팔(八)자 눈썹, 넓은 전택**(田宅). 전술한 것처럼 다같이 재운에는 없어서는 안 될 조건이다.

⑤ **넓은 미간**(眉間). 커다란 소망을 달성하기 위하여서는 중요한 조건이다. 아울러 광택이 좋아야 하는 것이 성부(成否)의 열쇠가 된다.

⑥ **폭넓고 야무진 코**. 콧망울이 야무져야 한다. 이른바 펑퍼짐한 납작코로서 선단이 둥글고 콧망울이 야무진 사람은 없어져도 그냥은 일어나지 않음을 나타낸다. 돈을 벌 수 있는 것이라면 무슨 일이나 할 수 있는 적극성과 끈덕진 저력이 있고 장사하는 사람에게는 특히 결여되어서는 안되는 여건이다.

또 콧구멍도 적당하게 크면 나가는 돈도 많겠지만 피부의 두께가 풍부한 편이면 그것을 재산과 결부시킬 수 있다. 구멍만 크고 주위의 피부가 엷으면 대금(大金)만이 그냥 지나쳐 버리는 결과가 된다.

⑦ **큰 입, 알맞게 두꺼운 입술**. 큰 사업을 하기 위해서는 배짱이 필요하다. 그러자면 큰 입이 필요 조건이 된다. 입술은 알맞게 두꺼워야 하는 것도 중요하다. 입술이 엷으면 돈 때문에 인정을 버리는 형이 되며 거꾸로 지나치게 두꺼우면 색난(色難) 때문에 산재(散財)할 걱정이 있다.

⑧ **크고 네모진 턱, 굵고 진한 눈썹**. 어느 편이나 부동산운이 강함을 나타낸다. 턱밑에 점이 있으면 더욱 운이 강해진다.

⑨ **크고 야무지게 생긴 귀**. 귀의 크기는 복분(福分)의 크기에 비례한다. 또 귀의 구멍도 큰 편이 좋으며 게다가 귓볼이 입쪽을 향하고 있어야 할 것도 재운이 좋음을 나타내는 포인트다.

◎ 뜻하지 않게 크게 횡재(橫財)를 할 인상

단 한장의 복권이 수천만원의 현금으로 바꿔지기도 하고, 얼굴도 모르는 숙모의 유산이 굴러 들어오기도 하는 행운아다. 기본적인 인상은 대부호(大富豪)의 상과 비슷하거나 그러한 특징이 없을지라도 예를들면 역삼각형인 얼굴의 사람일지라도 다음과 같은 여건을 갖추고 있다면 크게 횡재할 기회가 있을 것이다.

거금을 잡게된 보라색의 선

① **이마, 미간이 아름답게 광택을 은근히 발산하고 있다.**

② **미간 및 눈썹 위쪽에서 가로의 발애(髮涯)에 걸친 부근이 아름답고 광택도 좋다.**

③ **이마의 끝단에서 눈썹꼬리 혹은 미간에 걸쳐 살이 융기하고 있다.** 살의 융기는 물결 모양처럼 보인다. 특히, 살의 융기에 따라서 황색을 띤 엷은 핑크색의 선이 달리고 있을 때에는 유산(遺産)이나 거금이 손에 들어올 조짐이다.

◎ 남으로부터 원조를 받게 될 인상

세상, 윗사람의 평판이나, 동료 부하운이 좋아야 한다는 조건이 전제가 된다. 그러므로써 도움을 주는 사람이 나타나게 되고 재운이 열린다.

원조를 나타내는 살집의 정도

① **풍만한 광대뼈.** 광대뼈는 세상과의 연결을 나타낸다. 그러나 뼈가 튀어나온 것이 아니라 살이어야 한다는 필요 요건이 구비되어야 한다. 그곳이 납작한 사람은 교제도 좁고, 내향적이므로 남의 원조는 기대하기 어렵다. 또 비록 살이 불룩할지라도 지나치게 야무지고 단단하게 불룩하면 자기를 너무 돋보이게 하려고 앞장서고 싶어해서 고립해 버리고 만다.

② **뚜렷한 법령.** 교제가 능란하고 부하운도 좋음을 나타낸다. 법령의 모양도 표준처럼 끝벌어짐이 좋고 뚜렷할지라도 입에 닿을만큼 폭이 좁으면 양운(良運)을 살릴 수 없다.

③ **둥글고 풍부한 아랫턱.** 주위에 자연스럽게 사람들이 모여드는 인덕(人德)이 있다.

④ **코의 양쪽편 살집이 좋다.** 코의 양쪽 겨드랑이 특히 코 기슭의 완만한 들판쪽의 살집이 좋은 사람은 남의 도움을 받게 된다.

◎ 돈이 흘러나가기 쉬운 인상

남에게 한턱 내거나 돈을 잘 쓰는 사람과 근본적으로 돈이 모아지지 않는 사람의 두 종류가 있다.

① **위로 치켜든 코로 구멍이 크다.** 코가 위로 치켜든 사람은 호인이며 추켜세움에 잘 타거나 기쁜 일이 있으면 그만 한 턱 내고 만다.

또 콧구멍이 큰 사람은 서울나기처럼 돈이 있으면 그날로 다 써버리고 마는 버릇이 있고 주머니에 돈이 들어 있으면 쓰고 싶어서 간질거려 참지 못한다.

◎ 수전노(守錢奴)형의 인상

① **너무 큰 코, 작은 콧구멍, 코끝이 수그러진 모양.** 어느 것이나 이기적이고 금전 제1주의적임을 나타낸다.

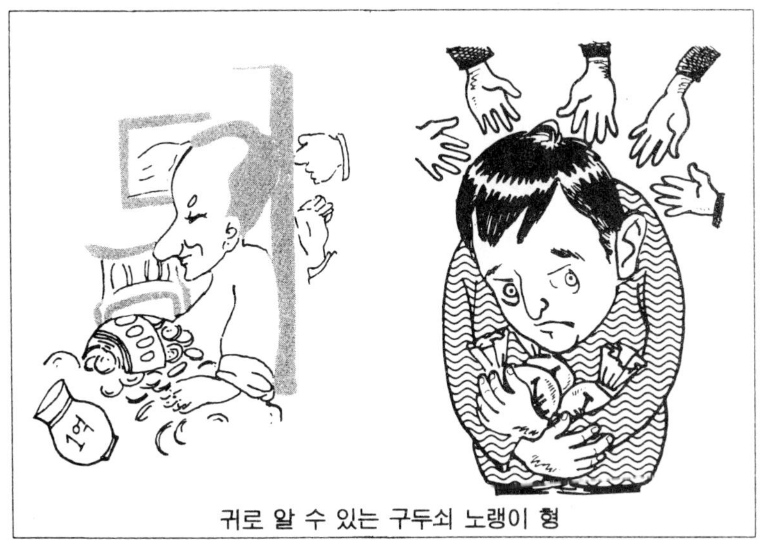

귀로 알 수 있는 구두쇠 노랭이 형

② **작고 단단한 귀.** 간덩이가 작고 항상 불안감이 있어서 금전에 대해서도 잘게 된다.

③ **너무 크거나 너무 작은 귀젖.** 이른바 절약가로서 욕심이 많은 사람이다.

◎ 내기에 강한 인상

① **약간 가늘고 답답하게 보이는 눈.** 추리력과 단념의 재빠름을 아울러 갖춘 사람이다.

② **콧등이 움푹 패인 코.** 근본적으로 내기를 즐기며 놀음을 좋아해서 이길 때까지 그만 두지를 않는다.

③ **작고 단단한 귀로 머리쪽으로 누워있는 형.** 누워있는 형이란 귀가 머리쪽으로 달라 붙은 듯이 뒤로 누워 있다는 것인데 내기를 즐기는 사람이다.

◎ 착실하게 저축하는 인상

① **작고 야무지며 양쪽 가장자리에 살이 붙고 콧구멍이 작다.** 착실형은 코 전체나 콧구멍이 별로 크지 않다. 말하자면 돈이 세어나가는 곳을 막고 있는 모양을 지닌 사람이다.

② **귓구멍이 작다.** 노랭이형의 하나이다. 거금을 잡지 못하나 검약하여 한푼 두푼 작은 돈을 저축하는. 형이다.

♣ 사회운(社會運)과 적직(適職)

사회운이란 봉급자이거나 상업 경영자이거나 제각기 그의 직업에 있어서 어떤 인정을 받으며, 자기의 힘을 발휘할 수 있느냐? 혹은 어떻게 성공할 수 있느냐하는 것 등이다.

이를테면 봉급자이라면 상사의 인도를 받아서 자기에게 알맞는 일을 맡는 것이 성공과 연결될 것이며 상점 경영이라면 고객의 애호를 받는 것이 번영의 조건인 것이다. 기술자나 자유 직업일지라도 외톨이로서는 성공할 수 없는 것이다.

또 알맞는 직업이란 그 사람의 성격에 맞는 직업을 말하는 것이다. 외향성인 사람이라면 봉급자, 내향성의 사람이라면 내근, 사무 등이 좋을 것이다.

● 사회운과 알맞는 직업을 보는 법

앞에서 말한 것처럼 사회운이나 알멎는 직업을 보는 것은 그 사람의 성격을 파악하는 것이 포인트이다. 성격을 보는 법을 참조하기 바란다.

대충 말해서 네모진 사람은 기술자, 둥근형은 장사 혹은 영업 관계 역삼각형은 경리면 등의 내근에 적합하다.

♣ 성주(城主)가 될 인상

남다른 출세를 하는 사람은 어디엔가 보통 사람과는 차이가 있기 마련이다. 인상학에서는 그와 같은 얼굴을 이상(異相)이라 부른다. 한 마디로 말하면 선이 뚜렷한 생김새라 한다.

① **얼굴 생김새가 크고 두께가 있다.**

② **제 1 바탕, 제 2 바탕의 어느 쪽인가가 네모진 형**

③ **오관(五官)이 크고 뚜렷하다.**

선이 굵은 얼굴은 비상한 출세

♣ 봉급생활자로 성공하는 인상

봉급생활자나 OL로 성공하기 위해서는 상사의 인도가 있어야 한다는 것이 첫째 조건이다.

① **높고 예쁜 이마.** 이마는 상사나 부하 등 직장에서의 인간관계를 보는 곳이다. 거기에 흠이나 점이 있으면 실력만큼 인정을 받지 못하고 소외 당하는 불운이 있다.

② **이마의 중앙부가 융기해 있다.** 상사의 인도를 받을 가능성이 강한 사람으로서 순풍에 돛단배처럼 수월하게 승진한다.

③ **완만한 curve를 그린 눈썹으로 털결이 곱다.** 사람됨이 온화하고 대인관계가 원만하고 열심히 연구하기 때문에 인도를 받게 된다. 두뇌의 회전도 좋은 형이다.

④ **귓담(耳廓)이 귓바퀴 안에 있다.** 상식적인 인간성을 지닌 사람으로서 편벽(偏僻)이 없는 까닭에 순조롭게 승진할 것이다.

⑤ **이마의 주름.** 이마에는 보통 세 가닥의 주름이 잡히며 위로부터 상사, 자기, 부하의 순으로 운을 나타낸다. 세 가닥이 모두 보기좋게 잡혀있는 주름이라면 모든 운이 좋은 것이지만, 윗줄이 한 가닥 뿐일지라도 뚜렷하면 인도를 받게 되고, 어느 정도까지는 출세를 한다.

♣ 자유직업으로 성공하는 인상

그 방면의 실력에 덧붙여 교제술이 큰 요소를 차지하게 된다. 다음으로는 그 무엇에도 지지않는 불굴의 정신이 성공의 열쇠이다.

자유직업을 가지더라도 다음과 같은 특징이 없으면 꼭 둥근형의 보조자, 역삼각형의 조력을 빌리도록 하는 것이 중요하다.

① **이마가 낮고, 피부가 두껍다.** 이마가 낮은 사람은 윗사람의 인도를 기대하기 어려우므로 필연적으로 자유직업을 택하게 된다. 실행력과 견실성이 있어서 독립하더라도 착실하게 성장해가는 사람이다.

② **발애(髮涯)에 난 세모꼴의 머리털.** 반항상(反抗相)의

아래턱은 자유 직업의 포인트

한 가지로서, 어떤 난관에 부딪쳐도 뭐 이쯤이야 하고 굴하지 않는 정신력의 소유주이다.

③ **가로로 퍼진 작은 코**. 자립형으로서 끈기가 있는 성격의 사람이다.

④ **약간 둥근턱, 아랫턱의 옹달샘**. 외골수로 파고드는 고집이 있어서 마음먹은 일은 끝내 성취하고야 만다.

⑤ **풍만한 광대**. 사회성이 있고 대인 관계가 좋은 사람이다.

♣ 예술가형의 인상

① **제 1 바탕이 역삼각형**. 가장 감수성이 풍부한 얼굴 모양이다. 다만 같은 예술가로서도 조형 예술(조가, 건축, 장식품, 공예 등)계통으로 진출할 사람은 턱이 뚜렷하고 피부가 성깃할수록 네모진 형이 끼어들게 된다.

② **약간 엷고 넓으며 높은 이마**. 선천적으로 특출한 착상의 번쩍임을 지닌 형이다. 피부가 두꺼울수록 속성(俗性)이 끼어든다.

③ **가늘고 긴 눈썹**. 정서가 풍부하며 섬세한 감정의 소유주이다. 눈썹이 진할수록 정교 치밀한 표현이 되고 그림으로 말하면 세밀화(細密畵)처럼 된다. 눈썹이 엷으면 표현이 대범해지고 극단화하면 포인트만 강조하게 된나.

직감력 신비성을 나타내는 비구

④ **눈썹 두덩이 높게 융기하고 있다.** 직관력이 예민하고 신비적인 면을 지니고 있다.

⑥ **귀가 벌어지고 있다.** 귀가 찰싹 머리에 붙어있는 것이 아니라 대문이 열려 있듯이 벌어진 사람은 넓게 사물을 볼 수 있는 사람이다. 여러 가지 일을 보고 흡수한다.

♣ 스타가 될 인상

① **얼굴의 십자 부분의 색깔이 아름답다.** 십자 부분의 전체 또는 일부분일지라도 아름다운 색깔이 나타나 있는 사람은 스카웃될 가능성이 있다. 아름다운 색깔이란 핑크색에 누런 빛이 감돌고 있는 것 같은 색이다. 손가락을 펴서 손등을 보았을 때 햇빛에 그을지 않은 손가락의 옆 가장자리에 광택을 내게한 것 같은 색을 말한다.

② **미두(眉頭), 눈썹꼬리, 입 언저리의 점.** 속된 말로 예능점이라 부르는 것인데 예능계에서의 성공과 연결된다. 다만 그 장소에 따라서 운세적으로 보면 커다란 차이가 있다. 남성인 경우는 흠도 무방하다고 한다.

스타에의 길을 열 예능 점

③ **이마의 모서리에 아름다운 색깔.** 그림처럼 줄기가 비스듬히 아래로 뻗쳐 있을 때는 남의 눈에 띠이게 될 때이다. 더욱이 초대면인 사람일

수록 스카웃 당하게 쉽다.

④ **눈이 반짝이고 있다.** 눈이 반짝 반짝 빛나고 있을 때는 자기 스스로 운을 부르게 된다.

♣ 학자형의 인상

① **이마의 양단이 벗겨져 있다.** 양단이 머리털 부분까지 잠식해서 넓어진 이마의 사람도 같다. 지능형의 이마로 사려깊고 독창성이 있으나 다소 이치를 따지는 버릇이 있다. 이런 이마로 얼굴이 역삼각형이라면 세속을 초월하고 이른바 상아탑에 들어박히는 형이다.

② **팔(八)자 눈썹으로 그의 꼬리가 굵다.** 학구적이며 항상 연구를 잊지 않는 형이다. 기세가 왕성한 학자는 눈썹털이 상하에서 포개어지듯이 나 있다.

③ **뚜렷한 법령.** 끝이 벌어진 법령보다 약간 입을 에워싸듯이 뻗고 있는 편이 학자형이다. 좁은 영역을 깊이 파고 들어서 연구하는 형이다.

♣ 물장수로 성공할 인상

① **제1, 제2바탕이 다같이 둥근형.** 손님 다루는 솜씨가 능란하고 술주정꾼도 멋지게 비위를 맞추어 줄 수 있다. 특히 여성으로 이중턱이거나 그와 비슷한 경우에는 물장수

관자놀이가 음식 솜씨의 포인트

(다방, 술집, 식당, 요정)에 다시 없는 호조건이다.

② **관자놀이가 부풀어 있다.** 관자놀이의 둘레는 맛에 대한 민감성을 나타내는 곳이다. 부풀어 있는 사람은 간을 잘 맞추어 맛이 좋고 음식 솜씨가 좋다고 일컬어진다.

③ **납작코.** 부침(浮沈)이 심한 세계에 있어서 억척같이 살아가는 강점을 지니고 있다.

♣ 전직하기 쉬운 인상

① **측면 凹형으로서 두께가 없는 사람.** 실행력이 없는 주제에 탁상공론으로 판단하여「이 일」또는「이 직장」은 장래성이 없다고 하여 곧잘 다른 곳으로 옮겨버리고 싶어하는 사람이다. 의지가 약한 것도 전직하는 원인의 하나이다.

② **가늘고 야무지지 않는 코.** 자주성이 없고 남의 말을 듣고서 간단히 움직이거나 사소한 일로 싫증을 일으킨다.

③ **짧고 엷은 눈썹.** 지구력(持久力)이 없고 생각도 얕은 사람이다.

⑤ **둥글고 큰 눈.** 새것을 좋아하는 형이어서 체념이 빠르다. 그래서 자꾸만 직장을 옮기는 형이다.

✚ 건강(健康)과 장수운(長壽運)

건강운이란 그 사람이 타고난 본래의 건강 상태나 각 기관 중에서 선천적으로 약한 곳은 어디냐를 보는 곳이다. 그리하여 건강 관리나 장수에 결부시킬 수 있다.

인상에서는 수명운도 보지만 수명과 건강은 곧 같은 것은 아니다. 그렇게 건강한 사람이…라고 하게 될 불의의 사태는 언제 일어나게 될지 모르는 것이다. 다만 그 사람이 본래 장수할 사람인가? 병약한 사람인가? 또는 부상이나 재난의 조짐을 살펴 알 수 있는 것이다.

건강운을 보려면 먼저 얼굴 모양에 의하여 그 사람의 약점이나 앓기 쉬운 질병을, 다음에는 각 부위를 보아서 그때의 건강 상태, 병상(病狀)을 판단한다.

● 얼굴형에 의하여 건강운을 보는 법

네모진 형 — 무른 형

보기에도 늠름하고 믿음직한 몸으로서 운동 신경 발달형이다. 각 기관이 튼튼하지만 지나치게 기운을 믿다가는 갑작스럽게 종명할 염려가 있다. 운동 부족이 대적(大敵)으로서 특히 몸을 너무 움직이지 않는 직종인 사람은 스포츠나 체조에 힘써주기 바란다. 스포츠 선수가 운동 중에 일으키는 고장 신경통 등이, 네모진 형의 대표적인 질병이다.

중년 이후 운동 부족에서 비만 증세가 나타나기 쉬우므로 주의하여야 하겠다.

역삼각형 — 신경 과민형

보기에도 갸냘프고 연약한 몸집이다. 모든 내장기가 약하고 영양의 흡수가 나쁜 까닭에 위하수 신경성위염 등이 대표적인 질병이다. 마른 반면에 대식(大食)의 특징이 있게 될 우려가 있다.

이외로 심장은 튼튼하지만 안색도 창백한 까닭에 전반적으로 약해 보인다.

둥근형 — 과식형(過食型)

통통하고 작으만해서 보기에도 대식(大食)할 몸집으로 소화기 발달형이다. 잘 먹고 살이 잘 찌므로 먹는 것이 영양으로 흡수됨을 나타낸다.

다만 위장이 튼튼한 까닭에 과식으로 인하여 도리어 위장에 고장이 일어날 우려가 있는 형이다.

심장병, 고혈압에 주의가 필요하다.

평면 복합(平面複合)에 의한 얼굴형의 건강운

얼굴형	강 점(強 點)	약 점(弱 點)
장 4각형	심장	신경계통 내장(심장을 제외) 허리 어깨
5각형	심장 다리 허리	신경계통, 스트레스병
6각형	내장	신경 계통 류마치스 자율신경실죄증, 호흡기계
타원형	평균적	홀몬의 밸런스에 주의
아래쪽이 살이많다	위장	고혈압 당뇨병 신장 폭음 폭식에 의한 설사 등
8각형	평균적	평균적

그 밖의 얼굴형

평면 복합에 의한 그 밖의 얼굴형의 특징을 일람표로 간추려 놓았다.

● 각 부위에 의하여 건강운을 보는 법 — 소인형상법(小人刑相法)

각 부위에 의한 건강운은 그 형상과 함께 색깔이나 고상(枯狀)을 본다. 고상이란 윤기나 힘이 없는 형태를 가리킨다.

인상학에서는 고래로 소인 형상법이라는 방법이 많이 활용되고 있다. 얼굴 각 부위에 몸을 압축시켜 적용함으로써 인상을 통하여 몸의 건강 상태를 알려는 의도이다. 얼굴의 어느 부위의 색이 나쁘거나 흠이 생기게 되면 그것에 상응하는 몸의 부위에 주의 할 필요가 있다. 또 얼굴의 어디엔가 있는 점은 반드시 거기에 상응하는 몸에도 점이 있다고 본다.

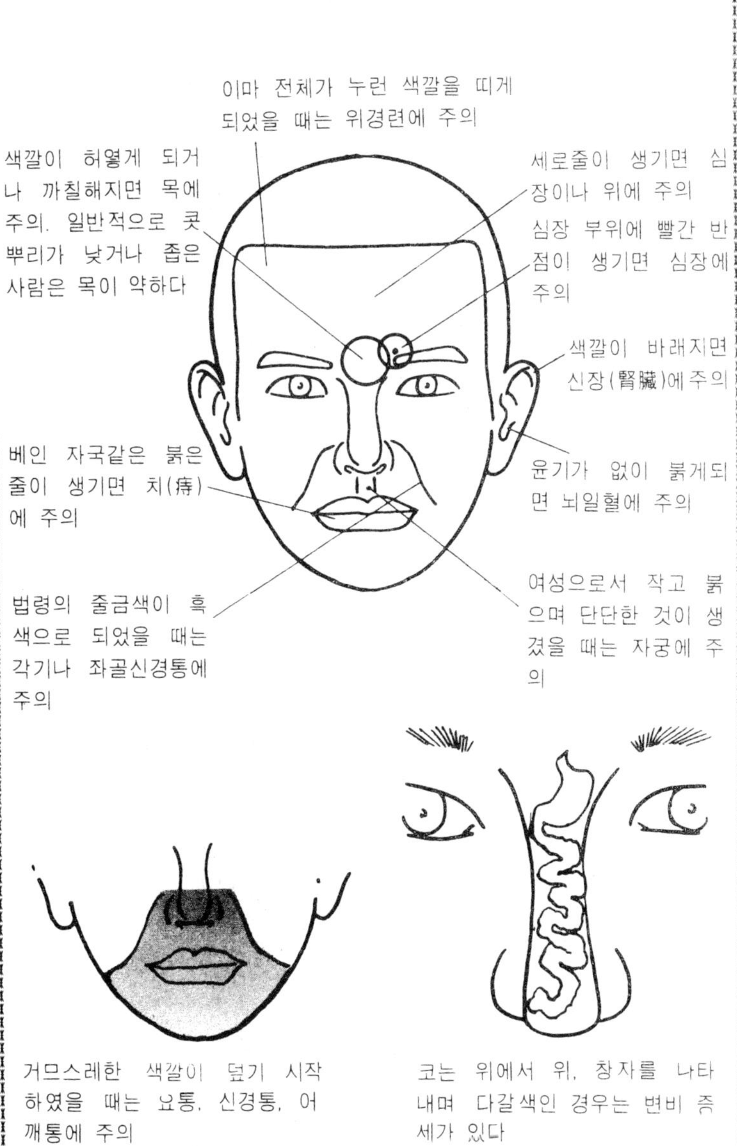

거므스레한 색깔이 덮기 시작하였을 때는 요통, 신경통, 어깨통에 주의

코는 위에서 위, 창자를 나타내며 다갈색인 경우는 변비 증세가 있다

소인형상법(小人形相法) 남성용(男性用)

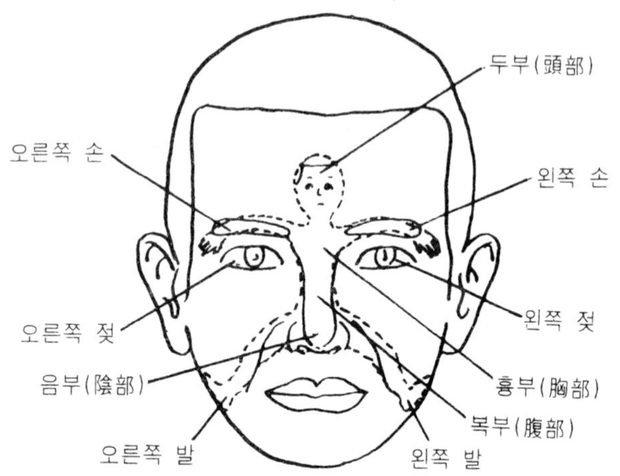

역소인형상법(逆小人形相法) 여성용(女性用)

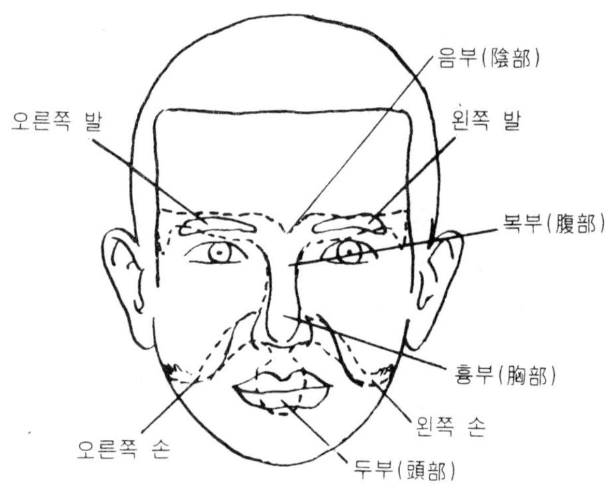

✚ 장수할 인상(長壽相)

다음과 같은 포인트가 많을수록 장수한다.

수골과 수반은 장수상

① **두꺼운 피부.**

② **높은 눈썹 두덩 긴 눈썹털.** 특히 유난히 긴 털이 두세개 자라나 있는 것이 상상(上相)이다.

③ **크고 긴 귀.** 귀의 각 부위도 잘 생겼고 귀의 살이 두꺼운 것이 필요 요건이다.

④ **귓구멍의 털.** 이호(耳豪)라 하며 40세 이후가 되어서 털이난 것을 말한다.

⑤ **귀 뒷면의 뼈가 높다.** 귀뿌리의 뒤쪽에 있는 뼈를 수골(壽骨)이라 하며 높으면 상상(上相)이라 본다.

⑥ **살집이 좋고, 단단하며 납작한 모양의 코.**

⑦ **길고 뚜렷한 인중.**

⑧ **약간 가늘고 긴 눈.**

⑨ **깊고 뚜렷한 인중.**

⑩ **큰입, 튼튼한 치아.**

⑪ **50세 이후의 피부의 얼룩점.** 수반(壽班)이라 한다.

⑫ **미간이 넓다.**

✚ 병약한 인상

다음과 같은 포인트가 많을수록 병약하다.

① **두터운 맛이 없는 얼굴.** 운세도 생명력도 약한 사람이다. 특히 아랫턱이 정면으로 보든 옆으로 보든 어느쪽으로 보더라도 삼각형인 경우는 단명이다.

② 엷고 작은귀. 오장(五臟)이 약한 사람이다. 특히 위에 주의할 것.

③ **눈썹이 짧거나 엷다.** 신장에 주의할 것.

삼각형의 아래턱은 단명상

④**콧뿌리가 낮다.** 호흡기계, 심장에 주의할 것.

⑤ **가늘고, 높은 코.** 폐(肺)등의 호흡기계에 주의할 것.

⑥ **크고 둥글며 또렷한 눈.** 심장이 약하고 맥박이 빠른 사람이다.

⑦ **엷고 허연 입술.** 빈혈증이 있다.

⑧ **인중의 점.** 남녀 다함께 단명상의 하나이다. 여성인 경우는 자궁의 질환이 있을 것 같다.

✚ 사고나 천재(天災)를 당할 인상

본질적으로 이러한 인상은 없다. 다만 사고 등에 조우(遭遇)할 조짐이 얼굴에 나타날 뿐이다.

① **코에 붉은 사선(斜線)이 달린다.** 부상을 당하거나 사고에

조우할 조짐이다.

② **명궁**(命宮)**의 붉은 반점이나 사선**(斜線). 천재(天災), 대사고에 조우할 조짐이다.

✚ 소화기계가 약한 인상

① **코 끝이 처져 있다.** 설사를 하기 쉽다.

② **코에 담흑색**(淡黑色)**이 생기다.** 위쪽 콧뿌리에서 3분의 1까지 사이에 생기면 위, 아래쪽 3분의 2사이라면 장이 나쁜 것을 나타낸다.

③ **볼에 세로줄.** 위의 하부에서 장에 걸쳐서 약하고 변비가 되기 쉽다. 게다가 코에도 담흑색이 생겨 있으면 꽤나 심한 변비로 고통을 받고 있음을 나타낸다.

✚ 심장이 약한 인상

심장과 그 사람의 감정과는 밀접한 관계에 있고 불안을 느끼면 동계(動悸)도 심해진다. 그런 의미로 마음이 조급한 사람, 과로한 사람, 신경증의 사람 등은 심장에도 요주의라고 할 수 있다.

① **미두**(眉頭)**상부**(특히 좌측)**에 1센티 이하의 불룩.** 이 위치는 심장을 나타내며 거기에 붉거나 보라빛 색깔이 생기면 급성의 위험이 있다.

심장을 나타내는 미간 부근

안정하도록 주의하기 바란다.

② **미간 또는 눈과 눈 사이가 좁다.** 필연적으로 콧뿌리가 가늘어진다. 어느 것이나 심장이 약하고 마음도 약하다.

③ **미간에 1～3가닥의 세로줄.** 신경질인 사람으로 마음에 여유가 없으므로 안절 부절하여 심장도 나쁜 사람이다.

✚ 간장이 약한 인상

간장이 나쁘게 되면 황달에 걸리기 쉽고 얼굴 전체가 누렇게 된다. 마르거나 비만증이거나 관계없이 피부가 성긴 사람에게 많다.

① **눈이 움푹 패이고, 광대뼈가 나와 있다.**

② **볼에 그물의 눈금같은 모세혈관이 나와 있다.** 술을 마시는 사람에게 많고 거기에서 간장으로 옮아가게 된다.

③ **광택이 없고 누른 색깔의 흰자위.** 누른 색깔이 강해지면 황달의 조짐이다.

✚ 비뇨기계가 약한 인상

① **법령의 안쪽에서 아랫턱에 걸쳐서 담흑색이 생긴다.** 냉증(冷症)이 원인이 되어 생긴 것이다.

② **콧망울이 깨끗하지 못하다.** 콧망울은 남녀 다 함께 성기의 일부를 나타낸다. 성병 등에 걸리면 거기가 적다

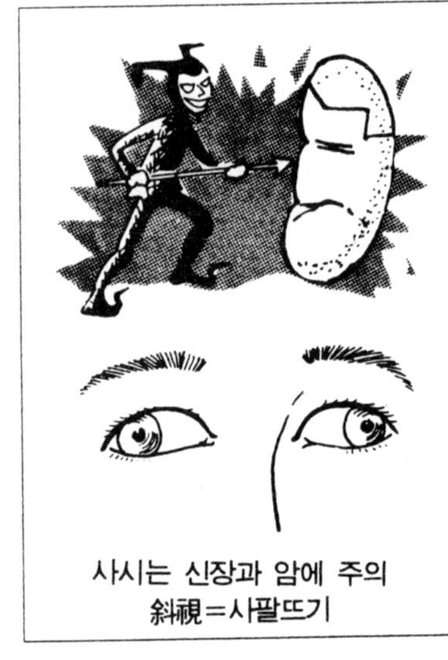
사시는 신장과 암에 주의
斜視=사팔뜨기

색(赤茶色)으로 변하거나 까칠한 느낌을 주기도 한다.

③ **너무 가느다란 인중.** 선천적으로 비뇨기계가 약한 사람이다.

✚ 신장(腎臟)이 약한 사람

① **귀의 색깔이 담흑색.** 귀와 모발(毛髮)은 신장의 표징 역할을 한다.

② **모발의 윤기가 없다. 윤기가 없거나 땀에 저린 것 같게 된다.**

③ **양쪽의 눈동자가 바깥쪽으로 치우쳐 자리잡는다.** 그림처럼 사시(斜視)형이 된다.

✚ 암(癌)에 주의해야 할 인상

① **숨쉴 때 냄새가 풍긴다.** 몸에서도 이상한 냄새가 풍긴다.

② **거므스레한 얼굴 색깔.** 또는 황갈색을 띤다.

③ 눈동자가 사시형이다. 신장 질환과 같게 된다.

④ **붉은 반점.** 소인형상법에 적용할 때의 부위에 조심할 것.

▣ 가정운(家庭運)

가정운은 이미 기술한 애정운과 표리(表裏)의 관계에 있다. 다만 부부, 가정, 자녀 등의 사항을 보려면 또 다른 각도에서 판단할 필요가 있다.

옛날의 인상학에서는 남편은 바깥에서 일하고 아내는 안에서 가정을 지키는 것이 좋다는 관점에서 양처의 상은 말수가 적고 조용하며 불평하지 아니하고 오로지 남편의 귀가를 기다린다는 성격을 상상(上相)이라 하였다.

그런데 오늘날에 와서는 남성에게도 마이홈적인 것이 요구되고 여성도 바깥에서 활동하게 되는 상황이 되어 있다. 즉 남성에게는 여성화가, 여성에게는 남성화가 조화를 이룰 때 가정운과 결부되는 조건으로 변천하고 있다는 것이다.

● 가정운을 보는 법 — 상성(上性)

가정은 부부가 이루어 나가는 것이다. 그래서 가정운의 큰 포인트는 두 사람의 상성이라는 말이 된다. 동형(同型)끼리 결혼하면 서로 이해할 수 있는 관계가 되어서 좋지만 생활 태도도 같아져서 위기에 부딪쳤을 때 이를 극복하기가 어려워진다.

서로의 장점과 단점을 알고 그 좋은 면을 살리는데 유의하기 바란다. 다음에 여성에서 본 남성과의 상성(上性)을 기술하기로 한다.

① 네모진 형의 여성 입장에서 본 상성(上性)

네모진 형. 양편이 모두 적극적인 리드형이므로 무드 조성이 서툴어서 부부싸움이 자주 일어나게 된다. 그러나 협력 정신이 왕성한 두사람은 무슨 일이 일어났을 때나 위기에 직면하면 서로 손을 잡고 힘을 발휘한다. 밤의 상성은 길(吉)하다.

역삼각형. 적극적인 여성은 소극적인 남성에게 항상 짜증을 일으키고 있을 것이다. 남성에게 잔소리를 하면서 달려 들어도 손쉽게 입싸움에 지고 만다. 위기 때는 고생을 하겠지만 서로가 독선을 부리지 말고 이해하도록 노력하면 화합이 가능할 것이다. 밤의 상성은 한걸음 더 노력이 필요하다.

둥근형. 당신에게 상냥하고 안락을 줄 것이다. 믿음직스럽지 못한 면도 있겠지만 당신의 노력으로 보조를 잘하면 행복한 가정을 이룩할 수 있다. 밤의 상성은 길(吉)하다.

② 역삼각형인 여성 입장에서 본 상성

네모진 형. 그이는 믿음직하고 모든 면에 있어서 당신을 리드해줄 남성이다. 손이 빨라서 탈이지만 당신의 입장에서 볼 때 사소한데 배려가 미치지 못하는 불만이 있겠지만 본질적으로는 가정을 소중히 하는 사람이다. 위기에 부딪치면 강하다. 밤의 상성도 길(吉)하다.

역삼각형. 서로 세심한 데까지 마음을 쓰는 성격이어서 가정생활에서도 사소한 다툼이 많을 것이다. 불만도 많겠지만 취미도 같으므로 즐겁게 지낼 수 있다. 위기에는 약한편 밤의 상성은 노력하면 길하다.

둥근형. 그이는 당신을 부드럽게 감싸주는 남성으로 여러 가지 상담에도 부담없이 응해주는 사람이다. 남의 의지가 되어주기도 하고 이해심이 많은 그이는 위기도 극복할 것이며 행복한 가정을 이룩해 나갈 것이다. 밤의 상성도 대길하다.

③ 둥근 형인 여성의 입장에서 본 상성

네모진형. 당신의 입장에서 볼 때 가장 믿음직한 남성이다. 당신이 포기해 버리는 일도 타고난 실행력으로 성취해 준다. 따뜻한 무드의 조성에 마음을 쓰면 가정은 원만하고 밤의 상성도 대길하다.

역삼각형. 당신이 무드를 조성하도록 마음을 쓸 필요가 있다. 두뇌의 회전도 빠르고 성실한 그이지만 활동력이 부족하여 당신에게 맡기는 일이 많을 것이다. 위기에 부딪쳤을 때 극복 여부는 당신의 마음 먹기에 달렸다. 따뜻한 가정을 이룩하도록 노력하는 것이 행복의 제1조건이다. 밤의 상성은 약간 약하지만 길하다.

둥근형. 무슨 일이나 당신의 뜻에 맞추어 문제를 일으키지 않는 그이이다. 다만 매일이 평범하고 적극성이 결여되어 있다. 금전운은 있으나 두사람 다 낭비를 삼가할 것, 위기에 부딪치면 약간 약하고 밤의 상성은 길하다.

▣ 마이홈형의 인상

가정형의 포인트

자녀복을 나타내는 포인트

① **이마의 주름이 아래쪽에 한가닥.** 가정을 사랑하고 가족을 사랑하는 사람이다.

② **눈보다도 긴 눈썹.** 눈썹은 너무 검지 않을 정도로 진하고 지나치게 굵지 않은 것이 조건의 하나이다. 온화한 마음씨의 소유주로서 원만한 가정을 영위할 것이다.

③ **약간 처진 눈, 쌍꺼풀.** 적당한 정열과 부드러움을 아울러 지닌 사람이다.

④ **코끝이 둥글다.** 원만하고 온화한 사람이다. 다만 콧망울의 장도(張度)가 지나치면 가정적이라고는 할 수 없다.

⑤ **두꺼운 입술.** 깊은 애정의 소유주이다.

⑥ **턱끝이 둥글다.** 마이홈주의의 사람이다.

▣ 다산형의 인상

① 눈꺼풀 아래가 부풀어 있다. 자녀가 많겠고 게다가 순산형이다.

② 힘이 있고 폭넓은 코. 남성의 섹스가 강함을 나타낸다.

③ 가지런한 인중. 가늘지도 않고 넓지도 않은 그림과 같은 인중의 사람은 좋은 자손복을 타고 난다.

④ 입술에 세로줄. 줄이 깨끗한 경우 좋은 애정운을 타고 났으며 자녀연(子女緣)도 좋은 사람이다.

▣ 난산형의 인상

어느 여건이나 자궁의 발달이 좋지 않으며, 거기에서 난산이 되기 쉬운 사람이다.

① 역삼각형의 얼굴.

② 아랫턱이 엷고 작다.

③ 미간이 좁다.

④ 인중이 외줄처럼 가늘다.

▣ 자녀운이 나쁜 인상

① 눈 아래가 움푹 패여 있다. 흠이나 점이 있는 경우도 다같이 자녀운이 나쁜 사람이다.

② 법령의 끝 부분에 점이 있다.

③얕고 넓은 인중의 세로줄. 어느 쪽이나 자녀운이 좋지 않다. 특히 인중이 없는 사람은 자식이 없거나 낳아도 잃어버리기 쉽다.

▣ 이혼하기 쉬운 여성의 인상

시비곡절을 따지기 좋아하는 입

① **네모진 형의 얼굴.** 이른바 여장부로서 맵고 짠데가 있는 활달성이 지나치는 까닭에 이혼의 원인이 되기 쉽다.

② **광대뼈가 튀어나와 있다.** 정면으로 튀어나와 있기보다도 측면으로 튀어나온 사람이 이혼하기 쉬운 사람이다. 이는 너무 자기 주장이 강하다. 그런데 정면으로 튀어나온 사람은 불평 불만을 맞대놓고 입으로 털어 놓는 대신에 뒤끝이 깨끗하다. 한편 측면으로 튀어나온 사람은 불만을 두고 두고 끈덕지게 털어 놓아서 피를 말리게 하는 사람이다.

③ **눈초리가 매서운 사람.** 성격이 강경하다.

④ **아래로 처진 눈썹과 눈.** 눈썹꼬리, 눈꼬리가 다같이 처져 있는 사람은 맺힌데가 없고 야무지지 못한 사람이다.

⑤ **좁고 높은 코, 단층 코.** 냉정한 성격이며 자아가 지나치게 강하다

⑥ **턱뼈가 튀어나와 있다.** 무슨 일이나 자기가 앞장서지 않으면 직성이 풀리지 않는다.

▣ 남편과 사별하기 쉬운 여성의 인상

① **둥근 눈으로서 안구(眼球)가 크다.**

② 눈썹이 길다.

③ 눈이 매섭게 빛난다.

④ 상삼백안(上三白眼). 삼방이 흰자위인 눈

⑤ 눈꼬리, 눈머리의 점. 남성도 거기에 점이 있으면 아내를 일찍 여윌 염려가 있다.

⑥ 남성지고 울퉁불퉁한 여상(女相). 자력으로 혼자 살 팔자이다.

⑦ 아랫턱 밑에 콩같은 턱이 더 있다.

남성진 여상

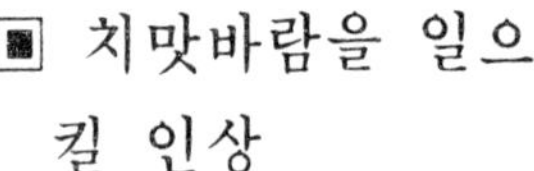

▣ 치맛바람을 일으킬 인상

① 남성진 얼굴. 아이들의 성적이 나쁘거나 아이들이 숙제를 풀지 못할 때면 짜증을 내고 발을 동동 구르며 분해할 사람.

② 이마가 높고 가느다란 얼굴. 자존심이 강하고 자기 아이들이 남의 아이들에게 지는 것을 분해서 못견딘다.

▣ 바깥을 더 나다니는 인상

① 네모진 형의 얼굴. 바깥에서 적극적으로 활동하는 형이므로 가정은 뒷전이다. 그러나 가정을 사랑하는 마음은 충분해서 위기가 닥치면 사생결단으로 가정을 지킨다.

② 눈이 모나 있다. 둥글지 못하며 직선적이다. 애증(愛憎)의 차이가 심해서 어느날 갑자기 집에 돌아오지 않게 된다.

③ **길고 좁은 코.** 냉담한 성격으로 애정이 부족한 사람이다.

④ **뒷통수(後頭部)가 좁거나 혹은 절벽형.** 가정이나 주거에의 애착이 부족하다.

⚾ 스포츠 · 학구운(學究運)

자기는 어느 방면으로 나아가면 될 것인가 하는것은 누구나 모두 한 번은 생각하게 될 문제일 것이다. 특히 현재 학생인 사람은 공부를 해서 장래에 대비할 것인가? 혹은 공부보다 스포츠계로 뛰어들어서 성공할 것인가? 갈길을 잡기 힘들 것이다.

● 적성을 알아보는 법

스포츠의 세계에서는 체력이 절대의 조건이다. 그러자면 얼굴이 네모진 형일 것(근골질), 분발성을 나타내는 엷폭이 있어야 하고 콧망울이 야무질 것, 단단한 아래턱뼈가 필요하다. 또 스포츠는 야구나 축구처럼 단체 경기인 것과 권투처럼 혼자 하는 것으로 구분되는데 그 적격의 여부는 성격이 좌우하는 요소가 된다.

한편 학구일도의 학자를 목표로 한다면 역삼각형의 얼굴이고 넓고 높은 이마가 절대의 조건이다.

⚾ 투수형의 인상

벌어진 귀가 책략의 포인트

고독한 마운드에서 정면으로 모든 적을 상대하는 투수는 야구의 각 Position 중에서는 이질적인 존재라 할 수 있다. 투수에는 속구형과 변화구형으로 구분되는데 그 어느쪽이나 유연한 몸과 고독을 견딜수 있는 힘, 타수와의 책략 대결의 묘술의 힘이 필요하다.

① **역삼각형의 얼굴**. 제1바탕 혹은 제2바탕의 어느 쪽인가에 역삼각형이 들어 있다.

② **크고 옥귀 넓은 이마**. 옥귀는 지식욕을, 큰 귀는 대담성을 나타낸다. 여기에 넓은 이마의 두뇌가 덧붙여져서 타자와의 밀고 당기는 술책에 이기는 요소가 된다.

③ **삼각이고 엷은 아랫턱**. 선수생활의 시초는 턱끝이 가늘고 햇수가 겹쳐짐에 따라 혹은 기능이 향상됨과 동시에 턱이 모나게 된다.

④ **높은 이마, 긴 코, 측면 직선형이거나 凹형**. 여기에다가 삼각형, 베이스라면 변화구형이 된다.

⑤ **짧은 눈썹**. 성미가 급해서 구원투수형 단기 결전형이다.

⚾ 포수형의 인상

팀을 지키는 요체인 포수는 항상 자기팀과 상대팀 전체를 세

밀하게 관찰하고 임기응변으로 대처하지 않으면 안된다. 자기 개인의 힘으로 밀어 붙여 나가는 특수형과는 그 성격 인상 등이 달라지기 마련이다.

포수형에게 요구되는 것은 팀을 이끌고 나가는 정력, 강한 어깨, 날카로운 관찰력, 파워이다.

네모진 형이 홈을 지킨다

① **네모진형의 베이스.** 덧붙여서 피부가 두껍고 성긴 것이 필요하다. 파워가 있음을 나타내며 타자로서도 필요한 조건이다.

② **낮고, 네모진형의 이마.** 추리력이 있고 풍부한 지식을 쌓아나가는 능력이 있다.

③ **굵은 눈썹.** 남성적 완고성을 갖추고 있으며 경쟁심이 강하고 적극적으로 리드해가는 사람이다.

⚾ Position별 야수의 인상

① **콧망울에 장도가 지나치고, 콧구멍이 크다**(전선수) 분별력이 있다. 그러나 곧 성을 내고 그것이 실수와 연결된다.

② **콧마루가 좁다**(전선수) 끈기가 강하고 다소간의 야유에도 끄덕도 하지 않는 투지가 있다.

③ **눈썹 머리쪽이 서있다**(전선수) 기세가 왕성함을 나타낸다. 성미가 까다로운데도 있으나 적극 과감한 Sliding, 격렬한 투지,

공에 달려 드는 투지가 있다.

④ **좁은 미간**(쇼트, 2루수) 기민성을 나타낸다. 그러나 성미가 급한데가 있고 곧잘 화가 머리끝까지 올라서 폭투(暴投)하기 쉽다.

⑤ **야무진 눈썹, 뚜렷한 법령, 큰 입**(외야수) 강한 어깨와 각력(脚力)을 나타낸다.

⑥ **턱이 벌어져 있다**(타자) 배드를 날카롭게 휘두르는 파워를 나타낸다. 또한 살집이 두꺼워야 하는데 순발력이 있다.

4각의 장글에는 6각형

⑦ **둥근형의 얼굴**(감독) 전선수 코치진을 뭉치게 해서 팀을 이끌고 가기 위해서는 사교적이며 인화를 유지하는데 능란한 둥근형이어야 한다.

⑪ 격투기(格鬪技)가 뛰어난 형의 인상

권투, 유도 등의 격투기에 뛰어난 사람은 20세에서 35세 사이까지의 운세가 특히 강한 육각형(六角形)의 얼굴이 그 특징이다.

① **얼굴의 중앙부가 네모진형** 제1바탕은 역삼각형이거나 장사각형이며 네모진형의 중앙부가 겹치면 전체적으로는 육각형으로 보인다.

② **광대뼈가 튀어나와 있다.** 특히 측면의 광내뼈가 야무지게

튀어나와 있는 사람은 남에게 지지않으려는 기질이 강한 사람이다. 남몰래 연습하고 밖으로 나타내지 않는 투지의 소유자이다.

③ **납작코** 끈질기게 물고 늘어지는 근성의 소유자이다. 이런 코의 사람은 일반적으로 살아남기 위해서는 무슨 일이나 서슴치 않는 강인성을 지니고 있다. 권투선수에게 많은 코인데 이것은 맞아서 변형이 된 것이 아니라 본래부터 이러한 코의 소유주이므로 격투기에는 필요한 조건인 것이다.

● 끝으로

이 책은 각비전서(各秘傳書)를 참고로 해서 내가 실제로 관상한 결과 얻어진 상법(相法)에 바탕을 둔 것인데 그 골자는 目黑玄龍子相法이며 서양의 인상학의 삼질론이다.

그 밖에 집필에 즈음하여서는 많은 여러 선생님들의 저서를 참고한 사실을 밝히면서 이 자리를 빌려 깊이 감사를 드림과 아울러 관용을 바라는 바이다.

신개념한국명리학총서 3

얼굴은 이래야 **환영** 받는다 　 **定價 12,000원**

2011年 4月 25日 1판 인쇄
2011年 4月 30日 1판 발행

번 역 : 백 준 기
(松 園 版)
발행인 : 김 현 호
발행처 : 법문 북스
공급처 : 법률미디어

152-050
서울 구로구 구로동 636-62
TEL : 2636-2911~3, FAX : 2636~3012
등록 : 1979년 8월 27일 제5-22호
Home : www.lawb.co.kr

ISBN 978-89-7535-200-3 04150